Stille heilt

Hennesee

Meditationshaus Kloster Ditfurt

# Albert Tigges

# Stille heilt
## Stress vermeiden durch Meditation

Bibliografische Informati... schen Nationalbibliothek:
Die Deutsche Nationalbibliot... hnet diese Publikation in der
Deutschen Nationalbibl... taillierte Daten sind im
Internet über h... b.de abrufbar.

Umschlag-Photo
Klostergarten Ditfurt

Herstellung und Verlag:
BoD-Books on Demand Norderstedt

ISBN 9783842329713

# Inhalt

Vorwort............................................................................6

I – Was ist Stress?..........................................................7

II – Die Folgen von Stress...........................................15

III – Stille-Meditation..................................................19

IV – Die Wirkungen der Meditation............................34

V – Transpersonale Psychologie..................................44

VI – Spiritualität/Neurowissenschaften.......................49

Anhang A – Leerheit in Christentum............................73

Anhang B – Stressor Bürokratie...................................76

Anhang C – So-Ham.....................................................80

Anhang D – Heil...........................................................87

Literatur........................................................................90

Buchempfehlungen.......................................................94

Autor.............................................................................95

# Vorwort

„Mit N........ bin ich entspannt und kann auch besser schlafen."
„V.........; neue Energie auf Knopfdruck für Körper und Geist."
Wenn man das oft genug hört, glaubt man es. So funktioniert Werbung.

Das Buch möchte für Meditation werben, aber nicht mit fragwürdigen Behauptungen, sondern mit Aussagen, deren Wahrheit durch wissenschaftliche Untersuchungen belegbar ist.

Ergänzend zu wissenschaftlichen Untersuchungen gibt es einen reichen Schatz an Erfahrung in den spirituellen Traditionen.

# I – Was ist Stress?

Auf der Grundlage meiner fast dreißigjährigen Arbeit als Hausarzt kann ich sagen, dass immer mehr Menschen an einem chronischen Erschöpfungszustand ohne organisches Korrelat leiden. Für dieses Leiden gibt es keinen Labortest wie z.B. für eine Schilddrüsenunterfunktion. Also macht man eine „Ausschlussdiagnostik" mit dem üblichen ärztlichen Instrumentarium: Anamnese, körperliche Untersuchung, Labor und evt. bildgebende Verfahren. Wenn Anamnese und Untersuchung unauffällig waren, ist bisher fast nie bei der weiterführenden Diagnostik etwas herausgekommen.

Untersuchungen von Krankenkassen bestätigen diesen Trend. Die OECD schätzt, dass 2014 in der Schweiz 19 Milliarden Franken (3,2 Prozent des Bruttoinlandsproduktes) Kosten durch psychische Erkrankungen entstanden sind.

Auf die Frage an meine Patienten, was sie als Ursache für ihre Erschöpfung vermuten, kommt fast immer die Antwort: Stress. Die Ursachen für Überlastungen sind vielfältig: Immer mehr Arbeit in kürzerer Zeit mit weniger Personal, Zeitdruck, ständig steigende Anforderungen an Flexibilität und Qualität, Arbeit wird von Vorgesetzten nicht gewürdigt, fehlende Kollegialität, Schichtdienst, fehlende Rücksichtnahme auf persönliche Probleme (z.B. chronische Erkrankung in der Familie) u.a.

Der *Stressreport Deutschland 2012*, durchgeführt vom *Bundesinstitut für Berufsbildung* und der *Bundesanstalt für Arbeitsschutz und Arbeitsmedizin* kommt zu ähnlichen Ergebnissen(1).

*Hans Selye* (1907 – 1982) prägte den Begriff Stress mit seiner Lehre vom *allgemeinen Adaptationssyndrom* (*Einführung in die Lehre vom Adaptationssyndrom, 1952,* und *Streß beherrscht unser Leben, 1956*)(2).

Unter Stress versteht man einen Komplex von Anpassungen an innere oder äußere Reize (Stressoren). Zu Beginn kommt es zur Mobilisierung von Kräften, ausgelöst z.B. durch Infektionen, Verletzungen oder emotionale Belastungen. Die Alarmreaktion bewirkt über limbisches System, Hypothalamus, Hypophyse und Nebennieren die Ausschüttung von Cortisol und Adrenalin sowie eine Aktivierung des Sympathikus. Der Blutdruck steigt, das Blut wird mehr in die Muskeln und weniger in Darm und Haut gepumpt, Puls und Blutzucker steigen, die zellgebundene Immunabwehr wird geschwächt. Im zweiten Stadium, der Widerstandsreaktion, kommt es zu einer Vermehrung der Mineralocorticoide und einer Unterdrückung der Cortisolproduktion mit Begünstigung entzündlicher Prozesse. Schließlich folgt das Erschöpfungsstadium mit Zusammenbruch der Regelmechanismen.

Stress wird erst dann zum Problem, wenn er chronisch wird. Dann kann er unter anderem zu Bluthochdruck, erhöhtem Blutzucker, chronischen Entzündungen, Krebs und Depression führen.

Ob Ereignisse zu Stressoren werden, hängt auch vom subjektiven Erleben und der Möglichkeit der Einflussnahme ab.Wenn man es positiv formuliert, könnte man sagen: Was mich nicht umbringt, macht mich stark. Was für den einen eine Überlastung ist, stellt für den anderen eine Herausforderung dar.

Bruce S. McEwen erkannte, dass das Gehirn die Schaltzentrale für Stress ist.
*B. S. McEwen, 2002*(3)

Als Arzt weiß ich, wie wichtig die Anamnese (Befragung) des Patienten ist. Andrerseits weiß ich, wie unzuverlässig die Angaben sein können. Insofern schätze ich die diagnostischen Möglichkeiten der modernen Medizin. Bei Schmerzen/Enge im

Brustkorb ist das Troponin ein wertvoller Labortest. Mit einem Angio-CT des Brustkorbes und D-Dimer kann man eine Lungenembolie ziemlich sicher ausschließen. Andrerseits kommt es vor, dass ich im Ultraschall eine Auffälligkeit an der Bauchspeicheldrüse sehe, die im CT nicht, in der Endosonographie dann doch (oder umgekehrt) gesehen wird. Sensitivität und Spezifität sind ständig ein Problem. Die zuverlässigste Methode bezeichnet man als Goldstandard. Das ist im Fluss. Zurück zum Stress. Akuten Stress weist man üblicherweise durch einen Anstieg des Cortisols nach. Für die Gesundheit problematisch ist aber vor allem der chronische Stress. Forscher möchten chronischen Stress messen, um seine Auswirkungen zu belegen. Es gibt dabei aber ein prinzipielles Problem. Man möchte Dinge quantifizieren, die nicht messbar sind. Dazu ein kleiner Ausflug in die Geschichte. Man hat Körper vor und nach dem Tod gewogen und keinen Unterschied gefunden. Das hat man als Beweis angesehen, dass es keine Seele gibt. Ziemlich dumm! Die Sache mit der Messbarkeit scheint selbst den Psychologen nicht immer klar zu sein. Die Forscher befinden sich also auf dünnem Eis. Als Lösung wurden Skalen erarbeitet. Jeder kennt solche Skalen, wo Ereignisse wie z.B. der Tod eines nahestehenden Menschen einen Punktwert bekommen. Die Wahrscheinlichkeit für eine Erkrankung steigt bei hoher Punktzahl an. Als Beispiele seien das *Forschungsinstrument zur Erfassung bedeutsamer Lebens-ereignisse, FEBL, Ahammer u.a., 1980,* und die *Münchener Ereignislist, MEL, Maier-Diewald u.a., 1983,* genannt. Das Problem einer nur punktuellen Erfassung, der Vernachlässigung individueller Faktoren sowie der alltäglichen Stressoren wurde erkannt. Die Folge waren neue Skalen wie das *Trierer Inventar zur Erfassung von chronischem Stress, Schulz & Schlotz, 1999,* und die *Perceived Stress Scale, PSS, Cohen u.a., 1988,* mit Abfrage der subjektiven Einschätzung von Stress und das *Daily*

*Stress Inventory, DSS, Brantley u.a., 1987,* mit 57 Items zu potenziell belastenden Alltagsereignissen. Allein im deutschsprachigen Raum gibt es über 150 solcher Skalen(xx). Bei mehreren der Skalen wird ihre Validität hervorgehoben. Ich kann mir zwei Fragen nicht verkneifen. Woran wird die Validität gemessen (was ist der Goldstandard)? Wenn die Skalen valide sind, warum gibt es dann so viele? Ich zweifle hier nicht die Existenz von Stressoren, Stress und seinen Folgen an, sondern die Zuverlässigkeit bestimmter Untersuchungsmethoden. Tierexperimentelle Untersuchungen belegen Stress. Es geht aber um Menschen. Mediziner können Blutdruck, Blutzucker und vieles andere sowie den Einfluss von Interventionen messen. Aber Depression, Angst und Schmerz kann man nicht messen. Hier setzen Ärzte dann auch Fragebogenskalen und visuelle Analogskalen ein.

Die Psychologen haben sich schon früh von dem einfachen reflexartigen Stressmodell verabschiedet, siehe *Lazarus, 1966,1977,1999(4).* Der Fokus wird mehr auf die kognitive/emotionale Komponente gelegt. Andernfalls wären psychotherapeutische Interventionen (das schließt auch Meditation ein) ja auch von zweifelhaftem Wert.

*Wir reagieren nicht auf die Ereignisse an sich, sondern auf unsere Meinungen über diese Ereignisse.*     *Albert Ellis*
*Vielleicht ist es hilfreich, sich daran zu erinnern, daß sich niemand über eine Tatsache ärgern kann. Es ist immer eine Deutung, die negative Gefühle aufkommen läßt, ungeachtet ihrer anscheinenden Rechtfertigung durch das, was als Tatsache erscheint.*     *Ein Kurs in Wundern*


Tibetische Mönche haben Folter durch chinesische Besatzer unbeschadet überstanden. Sie praktizierten die Meditation der Liebevollen Güte (Metta-Meditation) und haben den Menschen, die sie gefoltert haben, vergeben.

# Eine Geschichte der Vergebung

*erzählt von George Ritchie, aus „Rückkehr von morgen"*

*Als im Mai 1945 der Krieg in Europa zu Ende ging, kam die
123. Einheit mit den Besatzungstruppen nach Deutschland. Ich
gehörte zu einer Gruppe, die in ein Konzentrationslager in der
Nähe von Wuppertal abgeordnet wurde, und hatte den Auftrag,
medizinische Hilfe für die erst kürzlich befreiten Gefangenen zu
bringen, von denen viele Juden aus Holland, Frankreich und
dem östlichen Europa waren. Dieses war die erschütterndste
Erfahrung, die ich je gemacht hatte; bis dahin war ich viele
Male dem plötzlichen Tod und Verwundungen ausgesetzt
gewesen, aber die Wirkung eines langsamen Hungertodes zu
sehen, durch jene Baracken zu geben, wo Tausende von
Menschen Stückchen für Stückchen über mehrere Jahre
gestorben waren, all das war eine neue Art von Horror. Für
viele war es ein unwiderruflicher Prozess. Wir verloren
Dutzende täglich, obwohl wir sie schnellstens mit Medizin und
Nahrung versorgten.*

*Jetzt brauchte ich meine neue Erkenntnis, in der Tat. Wenn es
so schlimm wurde, dass ich nicht mehr handeln konnte, tat ich
das, was ich gelernt hatte zu tun. Ich ging von einem Ende zum
anderen in dem Stacheldrahtverhau und schaute in die
Gesichter der Menschen, bis ich feststellte, dass das Gesicht
Christi mich anblickte.*

*Und so lernte ich Wild Bill Cody kennen. Das war nicht sein
eigentlicher Name. Sein wirklicher Name hatte sieben
unaussprechliche polnische Silben, aber er hatte einen lang
herunterhängenden Lenkstangenbart, wie man ihn auf Bildern
der alten Westernhelden sah, so dass die amerikanischen
Soldaten ihn Wild Bill nannten. Er war einer der Insassen des
Konzentrationslagers, aber offensichtlich war er nicht lange
dort gewesen. Seine Gestalt war aufrecht, seine Augen hell,
seine Energie unermüdlich. Da er sowohl Englisch, Franzö-*

sisch, Deutsch und Russisch als auch Polnisch fließend sprach, wurde er eine Art inoffizieller Lagerübersetzer.

Wir kamen zu ihm mit allen möglichen Problemen; der Papierkram alleine hielt uns oft auf bei dem Versuch, Leute zu finden, deren Familien, ja sogar ganze Heimatorte möglicherweise verschwunden waren. Aber obwohl Wild Bill 15 oder 16 Stunden täglich arbeitete, zeigten sich bei ihm keine Anzeichen von Ermüdung. Während wir übrigen uns vor Müdigkeit hängen ließen, schien er an Kraft zu gewinnen. »Wir haben Zeit für diesen alten Kameraden«, sagte er. »Er hat den ganzen Tag auf uns gewartet.« Sein Mitleid für seine gefangenen Kameraden strahlte aus seinem Gesicht, und zu diesem Glanz kam ich, wenn mich der Mut verlassen wollte.

Ich war darum sehr erstaunt, als ich die Papiere von Wild Bill eines Tages vor mir liegen hatte, dass er seit 1939 im KZ gewesen war! Sechs Jahre lang hatte er von derselben Hungertoddiät gelebt und wie jeder andere in derselben schlecht gelüfteten und von Krankheiten heimgesuchten Baracke geschlafen, dennoch ohne die geringste körperliche oder geistige Verschlechterung. Noch erstaunlicher war vielleicht, dass jede Gruppe im Camp ihn als einen Freund betrachtete. Er war derjenige, dem Streitigkeiten zwischen den Insassen zum Schiedsspruch vorgelegt wurden. Erst nachdem ich wochenlang dort gewesen war, erkannte ich, welch eine Rarität dies in einem Gelände war, wo die verschiedensten Nationalitäten von Gefangenen einander fast so sehr hassten, wie sie die Deutschen hassten.

Was die Deutschen betraf, stiegen die Gefühle gegen sie in einigen der Lager, die etwas früher befreit worden waren, so hoch, dass frühere Gefangene sich Gewehre geschnappt hatten, in das nächste Dorf gerannt waren und einfach den ersten Deutschen, den sie sahen, erschossen hatten. Wir hatten Anweisung, solche Zwischenfälle zu verhindern, und wieder war Wild Bill unser größter Aktivposten, wenn er mit den verschiedenen Gruppen vernünftig redete und ihnen riet, Vergebung zu üben.

»Es ist nicht leicht für sie, zu vergeben«, erklärte ich ihm eines Tages, als wir im Zentrum für alle Abwicklungen mit unseren Teebechern beieinander saßen. »Viele von ihnen haben ihre Familienangehörigen verloren.«

Wild Bill lehnte sich in dem geraden Stuhl zurück und schlürfte sein Getränk.

»Wir lebten im jüdischen Sektor von Warschau«, fing er langsam an. Es waren die ersten Worte, mit denen er mir gegenüber von sich selbst sprach. »Meine Frau, unsere zwei Töchter und unsere drei kleinen Jungen. Als die Deutschen unsere Straße erreichten, stellten sie alle an die Mauer und eröffneten mit Maschinengewehren das Feuer. Ich bettelte, dass sie mir erlauben würden, mit meiner Familie zu sterben, aber da ich Deutsch sprach, steckten sie mich in eine Arbeitsgruppe.«

Er unterbrach seinen Bericht, vielleicht weil er wieder seine Frau und seine fünf Kinder vor sich sah. »Ich musste mich dann entscheiden«, fuhr er fort, »ob ich mich dem Hass den Soldaten gegenüber hingeben wollte, die das getan hatten. Es war eine leichte Entscheidung, wirklich. Ich war Rechtsanwalt. In meiner Praxis hatte ich zu oft gesehen, was der Hass im Sinn und an den Körpern der Menschen auszurichten vermochte. Der Hass hatte gerade sechs Personen getötet, die mir das meiste auf der Welt bedeuteten. Ich entschied mich dafür, den Rest meines Lebens - ob nur wenige Tage oder viele Jahre - jede Person, mit der ich zusammenkam, zu lieben.«

Diese Geschichte führt uns mehr als eine trockene wissenschaftliche Untersuchung vor Augen, wie stark die innere Einstellung Wahrnehmung und Verhalten beeinflusst.

In den letzten Jahren sind in der Stressforschung wegweisende Ergebnisse zum Zusammenhang zwischen chronischem Stress und Immunsystem sowie Nervensystem gefunden worden.

Die Begünstigung chronisch entzündlicher Erkrankungen ist bekannt. Die Forschungsergebnisse weisen aber auch darauf hin, dass ein gestresstes Immunsystem Krebs begünstigt.

Im Tierexperiment hat man bei chronisch gestressten Nagetieren ein Absterben von Nervenzellen in wichtigen Hirnarealen wie dem Hippocampus und dem Stirnlappen sowie einen Rückgang der Kontaktstellen (Synapsen) gefunden, des weiteren einen Rückgang der für die Regeneration wichtigen Stammzellen im Gehirn. Solche Veränderungen spielen für das Entstehen der Alzheimer-Demenz eine Rolle. Beim Menschen kann man natürlich nicht das Gehirn sezieren. In der Magnetresonanztomographie kann man aber eine Abnahme der Dicke entsprechender Areale messen.

Der Einfluss von chronischem Stress auf Herz-Kreislauf-Erkrankungen wie Herzinfarkt oder Bluthochdruck ist lange bekannt.

Bei den häufigen Volkskrankheiten spielt Stress somit eine ungute Rolle.

Ich schließe den Kreis und komme wieder auf meine Tätigkeit als Hausarzt zurück. Den soziokulturellen Kontext können ich und meine Patienten nicht ändern. Einen Großteil der Stressoren ist hausgemacht. Mein Kommentar dazu: „Muss das alles sein?" und „Weniger ist mehr!" Mann kann aber selber einiges machen: Nicht rauchen, mehr Bewegung, Normalgewicht, gesunde Ernährung, also die üblichen Empfehlungen. Darüber hinaus empfehle ich Meditation sowie einen reduzierten und selektierten Umgang mit neuen Medien. Meditation wurde früher belächelt (esoterischer Spinner); heute nicht mehr. Ein gewichtiges Problem ist natürlich: Gewohnheitsmuster sind hartnäckig.

# II – Die Folgen von Stress

Stress ist kein spezifischer pathogenetischer Faktor. Bestimmte Toxine verursachen charakteristische Schäden. Stress dagegen verursacht als Kofaktor je nach Konstitution bei dem einen einen Herzinfarkt, bei einem anderen eine chronisch entzündliche Darmerkrankung und bei einem dritten eine Depression.

Eine Pflanze gedeiht, wenn sie Nährstoffe und Licht bekommt. Bei Mangel an Nährstoffen wird sie vielleicht eine Pilzerkrankung an den Blättern bekommen. Eine gezielte Behandlung der Pilzerkrankung macht Sinn, wird aber nur nachhaltig sein, wenn man den Mangel beseitigt.

Damit Menschen ihr Potenzial entfalten könne, brauchen sie nicht nur Nahrung, sondern auch eine liebevolle Gemeinschaft. Gute Gemeinschaft ist ein effektiver Schutzfaktor gegen Stress *(Wolf, 1998, House, 1988, De Waal, 2009)(1)*.


Da Folgen von Stress und Wirkungen der Meditation zwei Seiten einer Medaille sind, gebe ich hier nur eine orientierende Auflistung an.

Asthma *(Goreczny u.a.,1988)(x)*, Spannungskopfschmerz und Migräne *(Mosley u.a.,1991)(x)*, Diabetes mellitus *(Goetsch u.a., 1990, Halford u.a.,1990)(x)*, entzündliche Darmerkrankungen *(Garret u.a.,1991, Kosarz u.a.,1996)(x)*, atopisches Ekzem *(Helmbold u.a.,1996)(x)*, sowie Bluthochdruck, Magengeschwüre (Stressulkus), Schlafstörungen *(Morin,2003)(3)*, chronische Schmerzen *(Kröner-Herwig,2010)(4)*, Angst und Depression *(Raison, 2006, De Kloef, 2009, Rubia,2009)(5)*.

Die Deutsche Hochdruckliga, Deutsche Gesellschaft für Hypertonie und Prävention sowie Deutsche Herzstiftung empfehlen als Basisbehandlung bei Bluthochdruck auch eine Stressreduktion. Auf der Webseite der Deutschen Hochdruckliga weist *Prof. Jordan* (Klinik für Psychokardiologie Bad Nauheim) darauf hin, dass der Zusammenhang zwischen Stress und Bluthochdruck in mehr als 4000 wissenschaftlichen Studien untersucht worden ist.

Eine dieser Studie ist die STARLET-Studie (Stressassoziierte Hypertonie am Arbeitsplatz) an 3500 Berufstätigen über 5 Jahre. Überforderung im Beruf erhöht den Blutdruck *(Lüders u.a., 2006)(6)*.

Bei der Tako-Tsube-Kardiomyopathie (Gebrochenes-Herz-Syndrom) treten EKG-Veränderungen wie bei einem Herzinfarkt auf, die herzspezifischen Blutwerte sind aber nicht oder nur leicht erhöht und die Herzkranzgefäße sind offen. Im Blut finden sich erhöhte Werte der Stresshormone Adrenalin und Noradrenalin. Fast immer finden sich außerordentliche emotionale Belastungen als Auslöser. In einzelnen Fällen ist die Erkrankung tödlich.

*Bis er uns umbringt?* lautet der Titel eines Buches über Stress von *H. R. Olpe / E. Seifritz.* Die obige Erkrankung zeigt, dass akuter Stress tödlich sein kann. Bei chronischem Stress sind für die Aufklärung der Zusammenhänge aufwändige Studien nötig.

Statt hier zu dem Thema in die Breite zu gehen, möchte ich auf 2 Studien hinweisen, die eigentlich in Kapitel IV gehören. Sie sind nach meiner Einschätzung aber so wichtig, dass sie dort nicht „untergehen" sollten.

Über die erste wird in dem Buch von *Hirnforschung und Meditation* von *W. Singer und M. Ricard hingewiesen.* Wenn man den Abstand zwischen einer Sequenz von Bildern immer mehr verkürzt, werden nicht mehr alle wahrgenommen. Bei Menschen mit langjähriger Meditationserfahrung traten diese Lücken wenig oder gar nicht auf. Über mögliche Erklärungen für dieses Phänomen wird nichts gesagt. Ich werte das als Hinweis darauf, dass das Einordnen von Wahrnehmungen in Kategorien durch den Vergleich mit abgespeicherten Gedächtnisinhalten zeitaufwändig ist. Im Buddhismus ist die Rede von *klarer Sicht* und *frei von dualistischem Denken*. Wenn man Ereignisse mit offener Akzeptanz und ohne Bewertung wahrnimmt, fallen geistige/neuronale Bremsen weg.

In der zweiten Untersuchung geht es um die unwillkürlich ablaufende Schreckreaktion. Darüber habe ich schon vor Jahren gelesen und bei den aktuellen Recherchen erneut. *Paul Ekman* von der University of California untersuchte die Reaktion auf den Knall eines Pistolenschusses bei Nichtmeditierenden und Langzeitmeditierenden. Bei der zweiten Gruppe fiel die Reaktion geringer aus oder blieb ganz aus. Die Ergebnisse wurden durch eine Untersuchung an der TU Berlin bestätigt *(Zeidler, 2006)(7)*. Na und? Kurz nach dem Lesen besuchte ich eine Fortbildung. Dort hielt Prof. Kuhn von der Psychiatrischen Universität Köln einen Vortrag über Angsterkrankungen. Bei einem potenziell gefährlichen Ereignis wird die Wahrnehmung schnell an die Amygdala geleitet, wo unwillkürlich eine Alarmreaktion in Gang gesetzt wird. Erst danach erreicht die Wahrnehmung über langsame Bahnen übergeordnete Hirnareale, die die Wahrnehmung auswerten und je nachdem die Reaktion abbremsen oder verstärken. Bei Angstpatienten ist die Amygdala überaktiv und die Gegenregulation durch übergeordnete Areale gemindert. Ohne die genauen neurologischen Zusammenhänge zu kennen, habe ich meinen Patienten das schon früher gleichnishaft mit einer Alarmglocke erklärt. Gesunde haben eine kleine Glocke, die nur gelegentlich läutet. Menschen mit einer Angsterkrankung haben eine Riesenglocke, die ständig läutet. Die Verknüpfung der Untersuchungen mit dem Vortrag ließ mich zu einer Schlussfolgerung kommen, die natürlich hypothetisch ist, die aber, falls sie korrekt ist, gewichtige und weitreichende Folgen hat. Wenn erst gar kein Feuer (Stressreaktion) entsteht, muss man es auch nicht löschen. Das Problem würde an der Wurzel gepackt. Der Untertitel des Buches lautet „Stress vermeiden durch Meditation" und nicht "reduzieren". Das fiktive Zitat eines Shaolin-Meisters könnte lauten: „Am erfolgreichsten ist der Kampf, welcher erst gar nicht stattfindet."

*Es geht nicht darum, das Kämpfen zu beenden. Finde den Ort in dir, wo es nie ein Kämpfen gab.*      *Adyashanti*

*Die Erfahrung von Rigpa, dem Geist in seinem ursprünglichen Zustand, wirkt großartig: Alle Verwirrung, aller Schmerz und alles Leid verschwindet.*      *James Low*

In Kapitel I wurde das Thema Kosten angeschnitten. Rauchen verkürzt das Leben um ca. 10 Jahre. Zynisch könnte man anmerken, dass Rauchen die Sozialsysteme entlastet. Die Folgen von Fehlernährung, Übergewicht, mangelnder Bewegung und Stress sind sicher gravierend, lassen sich aber schlecht messen wegen ihrer gegenseitigen Wechselwirkungen und wegen therapeutischer Interventionen durch Medikamente, Operationen und andere Interventionen. Ein weit verbreiteter Irrtum ist die Meinung, man könne die Probleme durch Verbesserungen im Gesundheitswesen lösen. Je besser ein Gesundheitswesen ist, um so mehr chronisch Kranke gibt es. Die demographischen Veränderungen verstärken die Probleme. Unser durch Lohnnebenkosten finanziertes Gesundheitswesen wird kollabieren. Prävention könnte eine effektive Gegen-maßnahme sein. Ein ganzheitliches Präventionskonzept benötigt neben Bewegung und gesunder Ernährung auch Maßnahmen zur Stressvermeidung. Ein Umdenken ist unumgänglich: So viel wie möglich Eigenverantwortung übernehmen statt zu erwarten, von anderen versorgt zu werden.

# III - Stille-Meditation

Der Bindestrich bei der Überschrift ist nicht ohne Bedacht. Ein Bindestrich trennt und verbindet zugleich.
Mit Meditation ist in diesem Buch immer das Verweilen in der Stille gemeint. Und mit Stille ist mehr als die Abwesenheit von innerem oder äußerem Lärm gemeint.

Einführend sind einige Begriffserklärungen nötig.
Mit *Meditation* (lateinisch meditari = Nachdenken) ist in der christlichen Mystik das Nachsinnen über einen Text z.B. aus der Bibel gemeint.
Mit *Kontemplation* (lateinisch contemplari = Betrachten) ist bei z.B. Teresa von Avila die innere Schau gemeint. Das Ziel ist Einswerdung mit Gott.
In der heutigen Umgangssprache hat sich der Gebrauch umgekehrt. Deshalb bedeutet in diesem Buch Meditation *innere Schau, Verweilen in der Stille, Reines Gewahrsein, Samadhi, Satori, Rigpa.*
Letztlich besteht hier der Unterschied zwischen Objekt und Ziel der Meditation. Das Kreisen um einen Text (Ruminatio = Wiederkäuen) kann irgendwann dazu führen, dass man loslässt und spontan in Samadhi fällt. Es hat Ähnlichkeit mit einem Koan im Zen. Allerdings ergeben die keinen logischen Sinn; der Verstand ermüdet und fällt spontan in Satori. Samadhi ist keinesfalls Menschen mit Hang zum Esoterischen vorbehalten. Jeder kennt diese Erfahrung. Wenn man sich in der Schönheit einer Musik oder eines Gemäldes oder eines Naturgeschehens *verliert*, ist man in Reinem Gewahrsein. Um ihren Schülern eine erste Erfahrung von Rigpa zu vermitteln, wenden tibetische Lamas gerne einen Trick an. Man soll auf den nächsten erscheinenden Gedanken warten. Dabei bemerkt man eine mehr oder minder lange Pause. Der Geist kommt kurz zur Ruhe.

Meditation ist einfach ein systematisches Üben, um in diesen Zustand zu gelangen. Anfangs erfährt man diesen Zustand nur in der Meditation. Es geht aber nicht darum, 2x täglich abzutauchen und ansonsten nach der Devise „same procedure" weiter zu leben. Die Stille wird auch im Alltag erlebt. Das hat weitreichende Folgen.

Unter _Yoga_ versteht man bei uns nicht das, was der Begriff eigentlich bedeutet. Mit Yoga (gleiche Sprachwurzel wie Joch) ist Vereinigung gemeint, und zwar die Vereinigung der Seele (Atman) mit Gott (Brahman). Das ist das zentrale Thema in der Bhagavad Gita und den Upanishaden. Hatha-Yoga entstand mit seinen Körperübungen (Asanas) erst im 14. Jahrhundert. Der Boom im Westen entstand erst im 20. Jahrhundert. Schon in den Upanishaden wird die Meditation mit dem Mantra _Om_ beschrieben. _Patanjali_ (vermutlich lebte er im 2. Jhd. n. Chr.) hat mit seinem _Yogasutra_ einen systematischen Weg beschrieben, den _Ashtanga Yoga_ = achtgliedrigen Yoga: _Yama_ (Ethik), _Niyama_ (Selbstdisziplin), _Asana_ (die Körperhaltung, in der man länger problemlos meditieren kann – mehr nicht), _Pranayama_ (Atemübung; es geht hier um den energetischen Aspekt der Atmung und um das Erfahren der Stille in den Pausen zwischen Ein- und Ausatmung), _Pratyahara_ (Rückzug von den Sinnen; nach innen Gehen), _Dharana_ (Konzentration), _Dhyana_ (Meditation) und _Samadhi_ (Versenkung, Reines Gewahrsein). Die drei letzten Glieder werden als _Samyama_ (Sammlung) zusammengefasst und sind der Kern des Yoga.

Für einen ersten Überblick habe ich einige wichtige Sutren kopiert

## Patanjali-Yoga Sutras(1)

**IV,5:** _Die unterschiedlichen Erscheinungsformen sind aus Einem Bewusstsein entstanden._

**IV,4:** _Das individualisierte Bewusstsein entsteht durch Identifikation mit dem Begrenzten._

**II,3:** (Die Kleshas) Unwissenheit, Ichverhaftung, Begierde, Abneigung und Angst sind die Ursachen für Leid.

**II,4:** Unwissenheit ist der Nährboden für die anderen Hindernisse.

**II,5:** Unwissenheit bedeutet, das Vergängliche für ewig, das Unreine für rein, das Leidvolle für Freude und das wandelbare Nicht-Selbst für das Selbst zu halten.

**II,12:** Die Erschwernisse (=Kleshas) sind die Ursache für Karma.

**II,11:** Durch Meditation lassen sich die von den Erschwernissen verursachten Veränderungen im Geist auflösen.

**I,2:** Durch Yoga kommen die Fluktuationen im Bewusstsein zur Ruhe.

**I,3:** Dann ruht der Sehende in seinem wahren Wesen.

**I,4:** Andernfalls kommt es zur Identifikation mit den Fluktuationen des Bewusstseins.

**I,12:** Durch Üben und Loslassen kommt es zum Aufhören der Fluktuationen des Bewusstseins.

**I,17:** Die objektorientierte (samprajnata) Meditation wird begleitet von Beobachtung, Freude, Bewusstheit des Selbst.

**I,18:** Das Loslassen jeglicher Objekte als Hilfsmittel (asamprajnata) führt zur Erfahrung der Stille.

**I,20:** Die nicht-objekt-orientierte Versenkung wird erreicht durch tiefe Hingabe, innere Kraft, Meditation und Weisheit.

**I,23:** Durch Hingabe an Gott kann die Versenkung (Samadhi) erreicht werden.

**I,27:** Der ihn offenbarende Laut ist Om.

**I,28:** Meditation über Om führt zur Vereinigung mit Gott.

**I,33:** Meditation über Liebe, Mitgefühl, Freude und Gelassenheit führen zur Beruhigung und Klärung des Geistes.

**I,34:** Meditation mit Hilfe des Atems führt zur Ruhe des Geistes.

*I,39: Meditation über ein angenehmes Objekt führt zur Ruhe des Geistes.*

*II,47: Wenn tiefe Entspannung erreicht ist und jegliche Gedankentätigkeit aufhört, erfährt das Bewusstsein Grenzenlosigkeit.*

*I,47: Wenn das Bewusstsein geklärt ist, offenbart sich die Wirklichkeit des Selbst.*

*IV,36: Befreiung ist der Zustand, in dem die Verwirklichung Höchsten Bewusstseins beständig ist. (R.E. Davis)*

*IV, 38: Sein, Bewusstsein und Glückseligkeit sind die Eigenschaften des Höchsten Bewusstseins mit Attributen (Gott). Der Bereich Absoluten Reinen Seins ist frei von allen Eigenschaften. (R.E. Davis)*

Die für Neurowissenschaftler interessanten Kernaussagen sind I,2 und II,11. In I,12 bis I,39 wird Meditation beschrieben. *„Durch Üben und Loslassen"* weist auf einen wichtigen Punkt hin, der leider von vielen Meditationslehrern nicht vermittelt wird. Das Meditationsobjekt (bei Patanjali Hingabe an Gott, Om, positive Aspekte des Geistes, Atmung und andere) ist ein Hilfsmittel. Das Ziel ist Samadhi. Ein Boot ist ein Hilfsmittel zum Überqueren eines Flusses. Das Ziel ist das andere Ufer. Die Konzentration auf die Atmung ist ein Hilfsmittel und nicht das Ziel. Wer im Reinen Gewahrsein ist, benötigt das Hilfsmittel nicht mehr. Nun ist unser Geist aber so an Aktivität (Kopfkino) gewöhnt, dass er anfangs immer wieder aus der Stille herausgeht. Deshalb sagt Patanjali *„Durch Üben und Loslassen"*.

Aus dem Gesagten kann man folgern, dass es nicht 100 Meditationen (ein Buchtitel) gibt, sondern nur eine. Die Hilfsmittel allerdings können vielfältig sein.
Dazu ein Zitat aus dem Kashmir-Shivaismus.

*Die hier geoffenbarten 112 Weisen, die göttliche Natur in sich zu entdecken, sind so umfassend, dass kein Aspekt der Wirklichkeit und der menschlichen Erfahrung ausgeschlossen ist. Dennoch ist ihre Vielfalt nicht verwirrend, da sie nur ein Ziel haben, auch wenn es verschiedene Bezeichnungen trägt: das Erlangen der Mitte, das Eintauchen in die Leere, die höchste Freude, das Erlangen des Zustandes frei von Gedanken und Vorstellungen (nirvikalpa), das Einswerden mit Shiva/Bhairava u.a.m. Ausgangspunkt ist die Erfahrung, dass die Menschen zu sehr in ihre individuellen Vorstellungen, Gedanken und Zerstreuungen (vikalpa) verstrickt sind, um die göttliche Wirklichkeit, die in ihnen schlummert, wahrnehmen zu können. Nur eine Befreiung aus ihren eingefahrenen Denkstrukturen kann sie befähigen, ihr eigenes göttliches Wesen zu erkennen (vijnana bhairava). Eigentlich einzige Voraussetzung für die höchste Erfahrungen ist daher ein Zustand, der frei von Gedanken und Vorstellungen ist (nirvikalpa). Nur die Mittel und Wege, diesen gedankenfreien Zustand zu erlangen, sind unterschiedlich. Abhinavagupta rechtfertigt die Anwendung jeder Methode, wenn es um die Erlangung der höchsten Wirklichkeit geht.*

*Das göttliche Bewusstsein, Kommentar Bettina Bäumer(2)*
„Nur eine Befreiung aus ihren eingefahrenen Denkstrukturen" - da können Neurowissenschaftler zustimmen - „kann sie befähigen, ihr eigenes göttliches Wesen zu erkennen" - nun ja, könnte problematisch werden. Das dürfte größtenteils an unserem vertrackten Gottesbild liegen. Albert Einstein soll da recht offen gewesen sein. Seele ist auch out. Vielleicht wäre ja Selbst oder Sein akzeptabel. Alles nur Worte. Worte transportieren Bedeutungen, und die können sehr weit auseinander gehen. Wie sagte schon *Lao-tse: „Der Tao, den man künden kann, ist nicht der absolute Tao. Der Name, den man nennen kann, ist nicht des Ewigen Name."(3)*

Von *Laotse* stammt auch der Spruch: *"Die größte Offenbarung ist die Stille."*

Damit wären wir beim Thema Stille. Wie schon gesagt, ist damit nicht die Abwesenheit von äußerem oder innerem Lärm gemeint. Ebenso wie das Wort *Leerheit* wird *Stille* von Menschen ohne Meditationserfahrung nicht verstanden. Man kann das ja auch nicht verstehen, sondern nur erfahren.

*Wenn du die Gedanken, die dir durch den Kopf gehen, auch nur gelegentlich als bloße Gedanken erkennen kannst, wenn du Beobachter deiner eigenen mental-emotionalen Verhaltensmuster sein kannst, so wie sie auftreten, eröffnet sich dir diese Dimension bereits als das Gewahrsein, in dem Gedanken und Emotionen aufsteigen - als zeitloser innerer Raum, in dem sich dein Lebensinhalt entfaltet.*

*Die äußere Stille ist zwar hilfreich, aber nicht erforderlich, um innere Stille zu finden. Selbst wenn Lärm da ist, kannst du der Stille hinter dem Lärm gewahr werden, des Raums, in dem der Lärm entsteht. Das ist der innere Raum reiner Bewusstheit, es ist das Bewusstsein selbst.*

*Du kannst des Bewusstseins als Hintergrund aller Sinneswahrnehmungen, alles Denkens gewahr werden. Beim Gewahrwerden des Bewusstseins entsteht innere Stille.*

*Wenn du die Berührung mit der inneren Stille verlierst, verlierst du den Kontakt mit dir selbst. Wenn du den Kontakt mit dir selbst verlierst, verlierst du dich in der Welt.*

*Das innerste Selbstgefühl, das Gefühl dessen, der du bist, ist untrennbar mit Stille verbunden. Das ist das »Ich bin«, das tiefer ist als Namen und Formen.*

*Eckhart Tolle, Stille spricht(4)*

*Fr Ich erreiche in der Meditation einen Zustand, den man mit "Frieden" bezeichnen könnte; es ist eine kontemplative*

*Gemütsverfassung. Was muß der nächste Schritt sein?*

*M Dieser Friede ist die Verwirklichung des Selbst, er sollte nicht gestört werden. Man muß nur diesen Frieden anstreben.*

*Fr Er befriedigt mich aber nicht ganz.*

*M Weil er nur vorübergehend eintritt. Ist er erst zum Dauerzustand geworden, dann heißt er Verwirklichung.*

*Der innere Gleichmut ist der Zustand des Glücks; die Aussagen der Veden <ich bin dies oder das> sind lediglich Hilfsmittel, den inneren Gleichmut zu erlangen.*

*Fr Dann ist es also falsch, sich ein Ziel zu setzen?*

*M Gäbe es ein Ziel, das erreicht werden müßte, dann wäre es eins, das nicht von Dauer wäre; das Ziel muß bereits da sein. Es ist das <ich>, das ein Ziel erreichen mochte, aber das Ziel existiert schon vor dem <ich>. Nur weil wir existieren, scheint es auch ein <ich> zu geben.*

*Sehen wir das Selbst als <ich> an, dann werden wir das <ich>; sehen wir Es als Geist an, dann werden wir der Geist; sehen wir Es als Körper an, dann werden wir der Körper. Es ist das Denken, das auf so vielerlei Weise <Hüllen> schafft. Das Spiegelbild des Lichtes im bewegten Wasser scheint sich zu bewegen; kann man diese Bewegung des Lichtes zum Stillstand bringen? Wenn sie aufhört, würden Sie nicht mehr das Wasser, sondern nur noch das Licht bemerken. So beobachten Sie nicht das <ich> und seine Betätigungen, sondern nur das Licht, das dahinter steht. Das <ich> ist der <ich>-Gedanke, das wahre Ich ist das Selbst.*

*Fr So ist es nur ein Schritt bis zur Verwirklichung.*

*M Die Verwirklichung ist sogar schon da. Der von Gedanken freie Zustand ist bereits der wahre Zustand. Verwirklichung ist keine Handlung, die vollzogen werden müßte.*

*Ramana Maharshi, Gespräche des Weisen vom Berge(5)*

*Erkenne: Die sinnlich wahrnehmbare Stille ist nur die sinnlich wahrgenommene Abwesenheit des Lärms der Welt. Der Lärm des Denkens und der Lärm des kontrollierten Nicht-Denkens gehören zur irdischen Stille, die große Stille ist außerhalb der irdischen Stille. Was ohne zu verstehen erkannt wird, wird die große Stille genannt. Die große Stille verändert sich nie, da sie kein Ding und kein Objekt ist. Beachte den Verstand und seine Aktivitäten nicht, sei der Stille dahinter gewahr.*

*Mario Mantese, Die Kunst des Nicht-Seins(6)*

*Wenn unsere Gedanken zur Ruhe kommen, so zeigt sich in der Meditationspraxis, können wir einige Momente in der unbegrifflichen Erfahrung dieses reinen Gewahrseins verweilen. Diesen allem zugrunde liegenden, von den Schleiern der Verwirrung freien Aspekt des Bewusstseins bezeichnet man im Buddhismus als »Natur des Geistes«.*
*Gedanken tauchen aus dem reinen Gewahrsein auf und verschwinden wieder darin, so wie die Wellen sich aus dem Ozean erheben und wieder in ihm aufgehen, ohne jemals etwas anderes gewesen zu sein als der Ozean selbst. Sich darüber klar zu werden ist unerlässlich, wenn man sich von den durch Gewohnheit geprägten Gedankenmustern, die Leid nach sich ziehen, frei machen will. Sich der allem zugrunde liegenden Natur des Bewusstseins vergewissern und in ihr verweilen zu können - in einem nichtdualen, unbegrifflichen, von Vorstellungen freien Zustand - ist eine wesentliche Bedingung für inneren Frieden und die Befreiung von Leid.*

*Matthieu Ricard, Meditation(7)*

*Fr  Dann soll ich also auf der Spur der Gedanken zurückgehen bis zu deren Ursprung?*
*M  Genau das. Auf diese Weise verschwinden die Gedanken, und allein das Selbst bleibt übrig.*

*Ramana Maharshi, Gespräche des Weisen vom Berge(5)*

*Wenn wir meditieren, tauchen meist viele Gedanken und Emotionen auf. Üblicherweise identifizieren wir uns damit und schaffen so die Vorstellung eines getrennt existierenden Ichs. Unsere Praxis besteht nun darin, uns dieser Erfahrungen im Geist bewusst zu werden und sie wie Wolken am Himmel vorüberziehen zu lassen. Wir verstricken uns nicht mehr und reinigen so unseren Geist, ohne diese Dinge zu analysieren. Wir erkennen einfach, dass sie keine eigenständige Existenz haben.*
*Joseph Goldstein, Ein Dharma(8)*

Meditation ist ganz einfach! So einfach, dass wir es nicht glauben können. Das Problem ist nur unsere Trägheit. Neue Gewohnheiten zu etablieren ist schwierig, das gilt aber auch für mehr Bewegung oder andere Ernährung. Unser Verstand ist sehr erfinderisch in der Erfindung von Ausreden und Entschuldigungen.
 Wissen um die positiven Wirkungen der Meditation ist eine gute Motivationshilfe. Das ist das Thema des nächsten Kapitels. Auch der Kontakt mit Gleichgesinnten ist hilfreich.

Die folgende Einführung in die Meditation stammt von mir und enthält kompakt die üblichen Erläuterungen. Ich habe sie 2008 erstellt

1)Atem-Meditation

Eine kurze Einführung

- Man kann zwischen beruhigender Meditation und Einsichtsmeditation unterscheiden. Anfang und Basis ist die beruhigende Meditation. Hier wird oft die Atem-Meditation praktiziert.
- Die Umgebung sollte angenehm und frei von störenden

27

Einflüssen sein. Regelmäßige Zeiten sind zu empfehlen: 1 – 2 x tgl. 15 - 20 Minuten. Günstig ist die Zeit morgens nach dem Aufstehen. Bei Müdigkeit oder nach körperlicher Anstrengung sollte man sich vorher etwas ausruhen. Öfter und/oder länger zu meditieren ist sinnvoller als zahlreiche „ganz wichtige" Aktivitäten, mit denen wir uns so gern ablenken. Anfänger sollten lieber öfter kurz meditieren.

- Die Haltung sollte eine stabile Sitzposition mit geradem Rücken ohne Schmerzen gewährleisten. Wer den Lotussitz nicht beherrscht, kann sich auf einen Stuhl setzen. Der Schneidersitz ist bedingt geeignet. Die Augen sind geschlossen. Die Hände ruhen im Schoß, die eine geöffnete Hand liegt in der anderen.

- Zu Beginn ist eine kurze Ausrichtung auf den Körper hilfreich, um zur Ruhe zu kommen. Man fühlt die Beine angenehm locker, geht in Gedanken zu Becken, Bauch, Brustkorb, Schultern, Armen und Kopf. Das Gesicht ist entspannt. Dann richtet man seine Aufmerksamkeit auf die Atmung, beobachtet sie und lässt sich von ihr tragen. Da besonders bei Anfängern die Aufmerksamkeit sich nicht so leicht zentrieren lässt, ist es hilfreich, die Atemzüge von 1 – 10 zu zählen. Wer weiter abschweift, sollte nur von 1 – 3 zählen.

- Nach Beendigung der Meditation sollte man sich nicht sofort in hektische Aktivität stürzen, sondern die Ruhe noch etwas genießen. Die Muskeln lockern und sich räkeln tut gut.

Meditation hat positive Einflüsse auf den Alltag. Man sollte aber Geduld haben. Klavierspielen lernt man auch nicht in einer Woche. Wenn man Meditation als einen Weg zur spirituellen Entwicklung versteht, sind als begleitende Maßnahmen ein Studium der Weisheitslehren und ethisches/mitfühlendes Verhalten notwendig.

**Essenz:**

In der Meditation alle Gedanken, Gefühle und Erfahrungen (angenehm oder unangenehm) zulassen - und loslassen! Wenn die

Wolken sich auflösen, scheint die Sonne klar: *Reines Gewahrsein des Geistes in seinem ursprünglichen Zustand*. Dieses Gewahrsein wird nach längerem Üben kurz aufblitzen. Nach sehr langem Praktizieren kann man es in der Meditation stabil halten. Mit viel Geduld und Ausdauer im Meditieren geht es später in keiner Situation mehr verloren.


## 2)Metta-Meditation

Zu allgemeinen Empfehlungen siehe Teil I.
Durch Meditation wird der Geist ruhig, wach und klar. Wenn man während der Meditation bei Erfahrenen ein EEG ableitet, sieht man keine Abnahme der Frequenz wie bei Autogenem Training oder ähnlichen Entspannungsübungen und im Schlaf, sondern einen Anstieg auf etwa 40 Hz. Dabei arbeiten alle Hirnareale synchron. Diesen messtechnisch einzigartigen Veränderungen entspricht subjektiv ein Erleben von 200% Wachheit. Mit längerer Meditationspraxis wird dieser Zustand auch in der Geschäftigkeit des Alltags erfahren. Davon profitieren alle Lebensbereiche. Man kann Meditation als eine Methode zum Stressabbau einsetzen. Man kann sie aber auch als ein kraftvolles und unverzichtbares Mittel für spirituelles Wachstum praktizieren. Dann ist als ergänzende Methode die Metta - Meditation zur Entwicklung von Mitgefühl und Liebe sinnvoll. Metta kann man mit liebevoller Güte übersetzen. Änderungen im Inneren bewirken Änderungen auf der äußeren Ebene. Liebende Güte verbessert die Beziehung zu anderen Wesen nachhaltig. Sie ist nicht an Bedingungen geknüpft. Die Liebe einer Mutter zum Neugeborenen kommt diesem Gefühl sehr nah. Aber Metta unterscheidet nicht zwischen Angehörigen und Fremden. Für Anfänger kann das zunächst schwierig sein. Auf körperlicher Ebene sind die genetischen Unterschiede zwischen Dir und einem Japaner evt. geringer als zwischen Dir und Deinem Nachbarn. Auf psychologischer Ebene eint uns alle das Streben nach Glück. Man praktiziert die Meditation in 5 Phasen.

1) Liebevolle Güte für sich selbst. Nur wer sich selbst mag, kann andere annehmen.
2) Liebevolle Güte für eine/n Freund/in. Als Person sollte ein Anfänger einen ungefähr gleichaltrigen und gleichgeschlechtlichen lebenden Menschen wählen, damit das Gefühl keine sexuelle oder Eltern/Kind-Färbung bekommt.
3) Liebevolle Güte für eine neutrale Person.
4) Liebevolle Güte für jemanden, mit dem man Probleme hat.
5) Ausweitung der liebevollen Güte zunächst auf diese vier Menschen, dann auf alle Wesen im nahen, dann im weiten Umkreis, auf der ganzen Erde und schließlich im gesamten Universum.

Das Entwickeln von liebevoller Güte ist ein Geschehenlassen und kein Produzieren. Als unterstützende Formeln eignen sich z.B.: „Möge/n ... glücklich sein." „Möge es ... gut gehen." Wer die Meditation längere Zeit praktiziert, bekommt Probleme mit der Rekrutierung für Phase 4.

Bei Menschen, die diese Meditation intensiv praktizieren, kann man im **M**agnetresonanztomographen sehen, dass Anteile im Stirn- und Zwischenhirn voluminöser werden, die positive Gefühle repräsentieren. Die stabile Erfahrung von bedingungslosem Mitgefühl, Freude und tiefer Ruhe hinterlässt im Gehirn messbare Veränderungen.


## 3)Mantra-Meditation

Zu allgemeinen Empfehlungen siehe Teil I.
Die in Teil I beschriebene Atem-Meditation entwickelt Achtsamkeit. Die in Teil II beschriebene Metta-Meditation kultiviert liebevolles Mitgefühl. Wozu dann noch Mantra-Meditation? Mantra-Meditation ist bei geschickter Ausübung der einfachste und schnellste Weg zum Erfahren von *Reinem Gewahrsein*. Wenn ein Perlentaucher schwimmt, wird er keine Perlen finden. Wenn er taucht, wird er sie finden. Mantren zu singen bedeutet in aller Regel, sich an der Oberfläche des Geistes aufzuhalten. Mantren zu denken und immer feiner zu denken, auf sie zu lauschen und sie nur noch als winzigen Energieimpuls wahrzu-

nehmen, der sich auflöst und in dem Erfahren *Reinen Gewahrseins* mündet, ist ein kraftvolles Mittel. Der Geist ruht in sich, erfährt klare Wachheit und grenzenlose Weite. Wenn Gedanken kommen, nimmt man das Mantra wieder auf und "taucht" wieder.

Mantren sind keine belanglosen Laute. Auf einer tiefen Ebene verbinden sie uns mit überpersönlichen Kraftfeldern des Geistes wie z.B. Mitgefühl oder mit persönlichen Kraftfeldern wie z.B. Tara oder Maria. Weit verbreitet ist das Mantra **Om Mani Padme Hum** zu Avalokiteshvara im Buddhismus. **Om Namah Shivaya** ist das Mantra zu Shiva im Hinduismus. **Kyrie Eleison** ist ein Mantra für Christen. Für Menschen, die mit diesem „esoterischen Kram" nichts anfangen können, geht auch Ah-ram (Sanskrit: Ohne Namen) oder Shalom (Hebräisch: Friede).

Es ist sinnvoll, die verschiedenen Meditationen im Wechsel zu praktizieren. Jede hat spezifische Wirkungen. Es gibt noch Meditationen mit Inneren Vorstellungen, durch die man Qualitäten des Geistes erfährt und integriert. Dafür ist ein autorisierter Lehrer nötig. Letztlich kann jede Art von Meditation zum Ziel führen, dem Erfahren des formlosen, unbegrenzten und zeitlosen Geistes jenseits von gedanklichen Konzepten. Diese Erfahrung ist die Grundlage dauerhaften Glücks. Weitere Attribute *Reinen Gewahrseins* sind tiefer Friede und die Erfahrung des Eins-Seins.

Hingewiesen wird auf ein häufiges Missverständnis. Es geht nicht um Askese, sondern um Nichtanhaften. Dazu eine Geschichte. Ein junger und ein alter Mönch kamen zu einem Fluss. Sie fanden eine flache Stelle zum Überqueren. Dort trafen sie eine junge attraktive Frau in festlichen Kleidern. Die bat die Mönche, sie über den Fluss zu tragen, damit ihre Kleider trocken blieben. Der alte Mönch hob sie ohne Zögern auf seine Schultern, trug sie über den Fluss und setzte sie am anderen Ufer ab. Ihre Wege trennten sich. Die Mönche gingen schweigend weiter. Nach geraumer Zeit sprach der junge zu dem alten Mönch: „Wie konntest Du das tun? Als Mönch darf man keine Frau anfassen." Der alte Mönch antwortete: „Ich habe die Frau am Ufer abgesetzt. Du trägst sie noch immer."

# 4)Objektlose Meditation

Jede Methode, mit der der Geist zum Reinen Gewahrsein gelangt, kann als Meditation bezeichnet werden. Da Menschen unterschiedlich veranlagt sind, widersprechen sich verschiedene Wege nicht, sie ergänzen sich. Eine Methode, die üblicherweise Geübten vorbehalten ist, mag ausnahmsweise auch für Anfänger ein Weg sein: Meditation ohne Objekt. Man kann sie als den direkten Weg ohne Hilfsmittel beschreiben. Sammlung und Ent-leerung des Geistes geschehen augenblicklich. Der Geist ruht in sich, ohne Ablenkung, im gegenwärtigen Augenblick: Reines Gewahrsein. Dieser ursprüngliche Zustand des Geistes wird erlebt als Erfahrung von grenzenloser Weite und zeitloser Freude, als Zustand des Eins-Seins. Die Trennung zwischen ich und anderen, innen und außen, Subjekt und Objekt löst sich auf. Menschen aus unterschiedlichen Kulturen beschreiben das mit ähnlichen Worten. Im Dzogchen (Buddhismus) wird es als der „Eine Geschmack" beschrieben. Meister Eckhart (Christliche Mystik) benutzt dieselbe Formulierung. Ruhen in der Natur des Geistes ist nur möglich in vollkommener Entspannung. Wenn jemand Meditation als mühsam erlebt, läuft etwas schief.

In allen spirituellen Traditionen ist mit Erwachen gemeint, dass dieser Zustand dauerhaft erfahren wird. Gedanken, Gefühle und Geschehnisse kommen und gehen ohne das Verlangen, sie festzuhalten. Sie werden nicht beurteilt oder etikettiert. Handeln geschieht spontan entsprechend den Erfordernissen des augenblicklichen Seins ohne selbstsüchtige Motivation, so wie eine Zelle unseres Körpers ihre Funktion zum Wohle des Gesamtorganismus erfüllt. Ethische Regeln werden überflüssig. Sie mögen erforderlich sein für Menschen, die sich als getrennt erleben, da aus der Illusion der Getrenntheit Konkurrenz und Aggression entstehen. Voraussetzung für das Ruhen in der Natur des Geistes mit Präsenz im Augenblick ist die Auflösung von gedanklichen und emotionalen Gewohnheitsmustern. Wie schwer die „Koffer" mit diesen Gewohnheiten sind, ist von Mensch zu Mensch unterschiedlich. Das erklärt, warum manchen Menschen Meditation leicht fällt und manche nur einen kleinen Schubs brauchen, um zu erwachen. Der ursprüngliche Zustand des Geistes ist nichts, was man sich erarbeiten muss. Er ist für jeden zugänglich, wenn der Geist durch die Erfahrung der Stille geklärt wird. Verdecktes wird aufgedeckt - banal, kein magischer Zauber. Wenn sich Wolken auflösen, strahlt der Himmel klar.

==========

*Tu einfach dies: Sei still und lege alle Gedanken darüber, was du bist und was Gott ist, weg, alle Konzepte über die Welt, die du gelernt hast, alle Bilder, die du von dir selber hast. Mach deinen Geist von allem leer, was du für wahr oder falsch, gut oder schlecht hältst. Halte an nichts fest. Komm mit völlig leeren Händen zu deinem Gott.*

**Ein Kurs in Wundern**

Atheisten oder orthodoxe Buddhisten mögen Gott durch Sein, Urgrund, Soheit, das anfanglose Eine oder Buddhanatur ersetzen.

Eine Geschichte.
Zwei Mütter treffen sich und tauschen Neuigkeiten aus. Fragt die eine: „Und was macht dein Sohn so?" „Er geht in letzter Zeit in so einen Verein und macht Zen." „Was ist das denn?" „Weiß ich auch nicht; aber auf jeden Fall besser, als nur zu sitzen und nichts zu tun."

Kloster Dietfurt, Meditationshaus

# IV – Die Wirkungen der Meditation

Das Problem vieler Studien ist die kleine Fallzahl und ein ungünstiger Aufbau. Das Problem versucht man durch Zusammenfassung vieler Studien in einer Metaanalyse zu lösen, wobei nur Studien mit gutem Aufbau berücksichtigt werden. In den Leitlinien der Arbeitsgemeinschaft für gynäkologische Onkologie (AGO) in der Version 2014.1D wird Meditation als komplementäre Therapie neben Sport empfohlen, weil „sie Lebensqualität, Bewältigungsstrategien und Achtsamkeit verbessert sowie Stress und Depression vermindert." Von vielen Studien wurden letztlich nur 10 valide berücksichtigt. Meditation verbessert bei <u>Brustkrebs</u> die Lebensqualität und den Immunstatus *(Witek,2008)(1)*, hilft gegen Schlafstörungen und Fatigue *(Carlson,2005)(2)*, verbessert den Umgang mit dem Krebs *(Ledesma,2009)(3)* und hilft gegen/bei Depression. Eine durch chronischen Stress ausgelöste Depression erhöht die Mortalität um 39% *(Satin u.a.,2009)(4)*.

*Zeidan (2010)(5)* testete das <u>Schmerzempfinden</u> mit einer heißen Platte am Bein bei Meditierenden (meditierten erst seit 4 Tagen) im Vergleich zu einer Kontrollgruppe. Der Schmerz wurde als 40% weniger aktiv und 57% weniger unangenehm eingestuft. Unter gleichen Versuchsbedingungen hat Morphin eine ähnlich starke Wirkung. Im Kernspintomografen ging die Aktivität im Gyrus postcentralis zurück.

In einer Pilotstudie *(Wells, 2014)(6)* wurde der Einfluss von Meditation auf <u>Migräne</u> untersucht. Als Vergleich dienten Menschen mit der schulmedizinischen Standardbehandlung. Die Häufigkeit wurde um den Faktor 1,4 reduziert. Dauer und Schmerzintensität waren geringer. Die Lebensqualität wurde als besser eingestuft.

Die folgende Studie möchte ich aus 2 Gründen näher betrachten. Sie hat Bedeutung für meinen ärztlichen Alltag und müsste eigentlich in Fachkreisen wie eine Bombe eingeschlagen sein, was aber nicht der Fall war. Sie müsste für meine Patienten mit Herzkranzgefäßerkrankungen ein Grund sein, sofort mit Meditation anzufangen. Vor einigen Jahrzehnten waren Rauchen, Alkoholkonsum und No Sport normal. Jogger wurden belächelt. Nichtraucher und Nichttrinker waren Außenseiter, die nicht genießen konnten. Das hat sich langsam, ziemlich langsam geändert. Betreffs der allgemeinen Akzeptanz in der breiten Bevölkerung stehen Gewichtsnormalisierung und Meditation noch auf der Agenda. Ich habe die Zusammenfassung der Studie laminiert und das Thema Meditation mit Gefäßpatienten angesprochen. „Ach ja. Interessant." Im Klartext: „Interessiert mich nicht." Die Zeit ist noch nicht reif.

Herz-Kreislauf-Erkrankungen sind die häufigste Todesursache. Die Ursachen sind vielfältig. Stress begünstigt diese Erkrankungen. In der Zeitschrift *Der Allgemeinarzt 10/2014* wurde eine Studie *(Schneider, 2012)(7)* vorgestellt mit Meditation als therapeutischer Intervention. Die Studie war randomisiert. Es wurden 201 Patienten mit einer mindestens 50-prozentigen Einengung in mindestens einem der Kranzgefäße eingeschlossen. Die Interventionsgruppe erlernte eine Mantrameditation. Die Kontrollgruppe erhielt Einweisungen in einen gesunden Lebensstil. Die Beobachtungszeit betrug im Durchschnitt 5,4 Jahre. Im Vergleich zur Kontrollgruppe kam es in der Meditationsgruppe zu einer Verringerung der kombinierten Häufigkeit von Gesamtsterblichkeit, Herzinfarkt und Schlaganfall um 48%, bei den regelmäßig Meditierenden sogar um 68%.

In anderen früheren Studien fand man schon einen Rückgang der linksventrikulären Hypertrophie ( krankhafte Verdickung des Herzmuskels *(Barnes,2012)(8)*, eine Abnahme der Intima-Media-Dicke *(Castillo,2000)(9)*, eine Abnahme der Insulinresistenz *(Labrador,2006)(10)*, eine Verbesserung der Belastbarkeit bei Herzschwäche *(Jayadevappa,2007)(11))*, eine Senkung von erhöhtem Blutdruck *(Nidich,2009)(12)*. Die Studie von Schneider zusammen mit einer zurückliegenden Cochrane-Übersicht *(Dickinson,2008)(13)* veranlasste die AHA (American Heart Association) 2013, Meditation als unterstützende Maßnahme zu empfehlen .

In einer Studie der Universität Wisconsin-Madison wurden 149 Personen randomisiert in drei Gruppen aufgeteilt: 1)Meditation, 2)körperliches Training und 3)inaktive Gruppe. Von September bis Mai wurden die Krankheitstage wegen Erkältungen erfasst. In Gruppe 1) 16, 2) 32 und 3) 67 *(Barrett, 2012)(14)*.

Zwischen der vorherigen und der folgenden Studie möchte ich einige Anmerkungen machen. Ich erinnere mich an eine Untersuchung mit Placebo bei Heuschnupfen (Quelle ?). Die Symptomlinderung war gut. Ein Einfluss auf die Immunzellen war aber nicht nachweisbar. Schmerzen und Befindlichkeiten sind stark suggestibel, sowohl positiv (Placebo) als auch negativ (Nocebo). „Wegen Nebenwirkungen fragen Sie Ihren Arzt oder Apotheker." Früher war das Wetter an allem Schuld, heute sind es Medikamente. Bei einer Lungenentzündung wird nach 2 Tagen das Antibiotikum abgesetzt, weil die Zunahme des Hustens natürlich von dem Antibiotikum kommt. Ein Statin wird nicht mehr genommen, weil es natürlich die Ursache für die (schon vorher bestehenden) Hängebacken ist. Kein Scherz! Studien mit weichen Befindlichkeitsskalen sind grundsätzlich per se nicht so aussagekräftig wie Untersuchungen mit der Erfassung messbarer Daten. Man kann aber nicht alles messen. Und oft gibt keine Möglichkeit für eine Placebogruppe. Das galt lange Zeit für Akupunktur. Mit der Erfindung von Placebo-Nadeln wurde der jahrelange Streit geklärt: Nicht wirksam. In der folgenden Untersuchung wurde die Menge der Antikörper nach einer Impfung gemessen, was ein valider Parameter ist. Ein weiteres Problem vieler Studien ist, dass sie nicht von anderen Forschern wiederholt wurden. Die Ergebnisse der folgenden Studie wurden von mehreren Arbeitsgruppen bestätigt.

Ein Team um R. Davidson an der Universität Wisconsin verglich die Konzentration der Abwehrstoffe nach einer Grippeimpfung bei Meditierenden im Vergleich zu einer Kontrollgruppe. Die Immunantwort war bei den Meditierenden besser *(Davidson R., 2003)(15)*.

In einer Pilotstudie an der Temple Universität in Philadelphia untersuchte C. Fang die Aktivität von Immunzellen vor und während der Zeit mit Meditation. Sie interpretiert die Ergebnisse so, dass Meditation das Immunsystem stärkt *(Fang, 2010)(16)*.

Rosenkranz untersuchte an der Universität Wisconsin die durch physischen und psychische Stress induzierte Entzündungsreaktion anhand der Bestimmung von Cortisol, Interleukin-8 und Tumornekrosefaktor alpha. Bei Meditierenden war die Reaktion milder als in der Kontrollgruppe *(Rosenkranz, 2013)(17)*.

In einer prospektiven randomisierten Studie mit 75 Frauen mit Reizdarm fand sich in der Meditationsgruppe ein Rückgang der Symptomschwere von 38,2% gegen 11,8% in der Kontrollgruppe *(Gaylord, 2011)(18)*.

M. Ricard stellte in einem Vortrag die Ergebnisse eines Konzen-

<u>trationstestes</u> mit Langzeitmeditierenden im Vergleich zu einer Kontrollgruppe vor. Über 45 Minuten wurde die Fehlerrate gemessen. Bei den Meditierenden lag die Fehlerquote konstant knapp über 0%, in der Kontrollgruppe stieg sie kontinuierlich an auf zum Schluss 30% *(Ricard, 2011)(19)*.

Im EEG kommen <u>Gammawellen</u> über 30 Hertz bei hoher Konzentration kurz vor. Bei tibetischen Mönchen mit langer Meditationserfahrung findet man während ihrer Meditation diese Wellen anhaltend mit 30-fach höherer Amplitude und hoher Kohärenz in den verschiedenen Hirnregionen. Man interpretiert das als neurophysiologisches Korrelat für einen extremen Grad an Wachheit *(Davidson, 2004)(20)*.

Mehrere Forschergruppen haben bei Meditierenden Veränderungen im Gehirn durch NMR-Untersuchungen gefunden. Dabei wird nach Zunahme der Aktivität in bestimmten Arealen oder nach einer Dickenzunahme gesucht. Vergleichbare Untersuchungen gibt es auch bei Menschen, die sportlich aktiv sind. Dann kommt es zu einer Dickenzunahme der Hirnareale, die für die Bewegungssteuerung zuständig sind. Bei Meditierenden hat man Veränderungen im präfrontalen Cortex, Hippocampus, Insula und Amygdala gefunden. Diese Areale sind wichtig für <u>kognitive und emotionale Verarbeitung</u> (auch ob Erlebnisse Stress auslösen) sowie <u>Gedächtnis</u> *(Hölzel B., 2012(*21*), Desbordes G., 2012(22), Luders E., 2012(23), Luders E. 2009 u.a.(24))*. Eine zusammenstellende Übersicht findet man *Ott.U., Hölzel B. & Vaitl D., 2011(25)*.

Die folgende Studie fand positive Einflüsse von Meditation auf <u>Mitgefühl, Lebenszufriedenheit, depressive Symptome, soziales Engagement</u>; 139 Personen, randomisiert, Meditation gegen Kontrollgruppe) *(Fredrickson B., 2008)(26)*.

In einer anderen Studie sollten die Versuchsteilnehmer beim „Reading the Mind in the Eyes Test" die Gefühle von Menschen anhand von Fotos der Augenpartie erraten, während ihr Gehirn im MRT gescannt wurde; randomisiert Meditation gegen Kontrollgruppe. Die Meditationsgruppe schnitt im Einfühlungsvermögen besser ab. Im MRT fand sich eine verstärkte Aktivität im inferioren frontalen Gyrus und im dorsomedialen präfrontalen Cortex, die für Empathie wichtig sein sollen. Die Studie wurde an der University of Arizona, Department of Psychatry durchgeführt. Geplant waren evt. weitere Untersuchungen im medizinischen Kontext bei Menschen mit Autismus und Depressionen *(Mascaro J., 2012)(27)*.

Den Einfluss von Meditation auf prosoziales Verhalten haben Susanne Leiberg und Tanja Singer mit dem „Zürich Prosocial Game" untersucht mit positiven Resultaten *(Leiberg S., 2011) (28)*.

Das Team um R. Davidson an der University of Wisconson-Madison fand einen Einfluss der Meditation auf Altruismus assoziiert mit einer Aktivierung neuronaler Systeme (inferiorer parietaler Cortex, dorsolateraler präfrontaler Cortex, Nucleus accumbens), *(Weng H., 2013)(29)*

Zur Frage, ob Meditation beim Rauchstopp hilft, gab es eine Untersuchung mit 15 Probanden, die Meditation erlernten, im Vgl. zu 12 Probanden, die eine Entspannungsübung machten. Das Suchtverlangen wurde mit Fragebögen evaluiert. Der Zigarettenkonsum wurde mit CO-Messung überprüft. In der Meditationsgruppe ging der Konsum um 60%, in der Kontrollgruppe nicht zurück *(Tang, 2013)(30)*.

Die Besserung von Schlafstörungen bei 63 Krebspatienten hat

Carlson untersucht, vgl. *(2)*. Neben der Schlafqualität wurde auch Fatigue verbessert *(Carlson, 2005)(31)*.

Eine Untersuchung durch das japanische National Institute of Industry Health zeigte bei 427 Angestellten nach Erlernen der Meditation im Vgl. zu 308 Angestellten als Kontrolle einen höheren Prozentsatz derjenigen, die innerhalb von 10 Minuten einschliefen *(32)*.

Eine Metaanalyse von 16 Studien mit 1295 Teilnehmern zeigte bei <u>Angst</u> eine Überlegenheit der Meditation gegenüber einer Psychotherapie. Die Wirkung der Meditation war umso besser, je höher der anfängliche Angstlevel war *(Orme-Johnson, 2014) (33)*.

Unter der Leitung von Professor Sundquist von der Universität Lund in Malmö wurden in einer Studie 215 Patienten mit Depressionen und Angstzuständen randomisiert mit Meditation oder kognitiver Verhaltenstherapie behandelt. Die Ergebnisse waren gleich gut. Professor Sundquist empfiehlt Meditation als Alternative zur Einzelpsychotherapie insbesondere dann, wenn diese nicht verfügbar ist *(Sundquist, 2014)(34)*

*Search inside yourself* heißt das firmeninterne Meditationsprogramm bei Google, das 2007 initiiert wurde. Wegen der Zunahme psychischer Erkrankungen setzen inzwischen auch deutsche Firmen wie Bosch, Siemens oder RWE auf Stressbewältigung. Die Ludwig-Maximilians-Universität München begleitet solche Projekte wissenschaftlich *(Kohls, 2013)(35)*.

Jeffrey Greeson von der Duke University, Medical Center hat 52 Arbeiten von 2003 bis 2008 untersucht und kommt zu dem Ergebnis, dass Meditation zu Stressreduktion, mehr positiven

Geisteszuständen und besserer Lebensqualität führt. Sie beeinflusst Gehirn, vegetatives Nervensystem, Stresshormone, Immunsystem und Gesundheitsverhalten einschließlich Essen, Schlafen und Drogenkonsum in heilsamer Weise *(Greeson, 2009)(36)*.

In seiner Masterarbeit an der Universität Salzburg gibt Markus Klöckl einen Überblick über die wesentlichen Ergebnisse etlicher Studien über Meditation *(Klöckl, 2014)(37)*.

Die obige Übersicht enthält die Zusammenfassungen von Zusammenfassungen. Mit den Originalarbeiten könnte man ein dickes Buch herausbringen. Nach meiner Meinung könnte man sich mit 3 Arbeiten zufrieden geben. Zum Geist die EEG-Studie von Davidson *(20)*, zur Psyche die Metaanalyse von Orme-Johnson über Angst *(30)* und zum Körper die Studie von Schneider über Koronare Herzerkrankung *(7)*. Es finden sich Pilotstudien, Studien mit wenigen und vielen Probanden, Studien mit (alle randomisiert) und ohne Kontrollgruppe, mit Befindlichkeitsskalen und/oder Messwerten sowie Metaanalysen. In dem Evidence Report von der University of Alberta *(38)* fließen Methoden ein, die eigentlich nicht als Meditation zählen, und neben randomisierten (286) auch nicht randomisierte (114) Studien. 147 waren Before-and-after-Studien ohne Kontrolle und neben diesen 547 Interventionsstudien gab es 266 Beobachtungsstudien bei insgesamt 813 Studien. Die Autoren sprechen von „poor methodical quality". Damit werden die Ergebnisse verwässert. Trotz dieser Einschränkung sprechen die Autoren in „Results" von „signifikanten Änderungen in der Gesundheit", fordern aber für zukünftige Untersuchungen „more rigorous in the design". Wenn Fachgesellschaften wie die AGO und AHA auf der Basis guter Studien Meditation empfehlen, muss wohl was dran sein.

Zum Abschluss möchte ich auf zwei wichtige Aspekte hinweisen, einen erkenntnistheoretischen und einen zur Frage nach Sinn.

„Wenn du nur einen Hammer hast, sieht die ganze Welt wie ein Nagel aus" lautet ein Sprichwort. Das gleiche wird tiefgründiger in der folgenden Geschichte angesprochen.

Jemand beobachtete Nasrudin, wie dieser etwas auf dem Boden suchte. „Was hast du verloren, Nasrudin?", fragte er. „Meinen Schlüssel" sagte der Mulla. Beide lagen auf den Knien und suchten. Nach einer Weile fragte der andere: „Wo hast du ihn denn verloren?" „In meinem Haus." „Aber warum suchst du ihn dann hier draußen?" „Weil es hier heller ist."

Wer das nur lustig findet, hat den tiefen Sinn nicht verstanden. Wo man sucht und mit welcher Methode man sucht, beeinflusst das Resultat. In Kapitel 1 habe ich geschrieben, dass man früher Körper vor und nach dem Tod gewogen und keinen Unterschied gefunden hat. Also gibt es keine Seele. Heute muss alles gemessen werden, sonst ist es nicht wissenschaftlich. Kann man Liebe, Bewusstsein oder Schönheit messen? Kann man Gott mit einem Teleskop finden? Lärm kann man messen und Stille kann man als Fehlen von Lärm messen. Doch das, was Ramana Maharshi als Mauna (Stille jenseits der Gedanken) bezeichnet hat, kann man nicht messen.

Was ist der Sinn in meinem Leben? Was ist Leid? Was ist Glück? In den spirituellen Traditionen sind solche Fragen üblich. Selbsterkenntnis ist das Ziel. Gemeint ist nicht irgendein Wissen über Dinge, sondern die Erfahrung des EINS-SEINS (Unio mystica), Stufe 5 bei Piron (siehe Kapitel 5). Die ist nur möglich in Meditation. Stufe 4 ist die Erfahrung der Qualitäten Reinen Bewusstseins wie Klarheit und bedingungsloser Liebe. Stufe 3 ist Achtsamkeit. Stufe 2 ist Entspannung. Bei Patanjali ist Asana Stufe 3 und Pranayama Stufe 4. Das sind Vorstufen.

Das Ziel ist Samadhi (Versenkung, Reines Gewahrsein). Siddhis (außergewöhnliche Fähigkeiten wie Hellsichtigkeit) sind Beiwerk und nicht das Ziel. Etwas profaner könnte man heute sagen, dass weniger Erkältungen nicht das Ziel der Meditation sind. Es geht auch nicht darum, z.B. im Beruf nur besser zu funktionieren. Der Markt für Stressratgeber und Firmencoaches boomt. Meditation wird kommerzialisiert. Unter Yoga versteht man eigentlich Einswerdung, die im Samadhi erfahren wird. Heute verstehen die meisten darunter Hatha-Yoga, eine vorbereitende körperliche Übung. Und auch hier boomt der Markt. Wenn Forscher nur auf durch Meditation induzierte messbare Veränderungen fixiert sind, verfehlen sie das Ziel. Und wenn Meditation entkernt wird, ihres spirituellen Kontextes beraubt wird, ist das eine zweischneidige Sache. Die Zugangsschwelle wird erniedrigt, doch das eigentliche Ziel gerät in Vergessenheit.

Bienenstock Klostergarten Dietfurt

# V - Transpersonale Psychologie

Die Transpersonale Psychologie ist das Verbindungsglied zwischen Psychotherapie und Spiritualität.

Die herkömmliche Psychotherapie zielt auf die Entwicklung einer reifen Persönlichkeit zur Bewältigung der Anforderungen des Lebens. Sie beschäftigt sich mit biographischen Daten.

In der Transpersonalen Psychologie geht es zusätzlich um die Erfahrung, dass wir in ein großes Ganzes eingebunden und mit allem verbunden sind. Sie stellt Fragen nach dem tieferen Sinn unseres Lebens.

Ein Wegbereiter war C.J. Jung, der den Begriff transpersonal für die Kennzeichnung seiner Psychologie des „Kollektiven Unbewussten" verwendete.

A. H. Maslow entwickelte die Bedürfnispyramide: Physiologische Grundbedürfnisse wie z.B. Nahrung → Sicherheit, Geborgenheit → Soziale Bedürfnisse wie Zuneigung und Zugehörigkeit →Wertschätzung →Selbstverwirklichung. Später fügte er eine sechste Stufe hinzu, das Bedürfnis nach Transzendenz.

R. Assagioli begründete mit seiner Psychosynthese ein eigenes Therapieverfahren, in das Vorstellungen aus dem Yoga einflossen.

S. Grof nannte die Erfahrung des Transzendenten „holotrop". Anfangs setzte er LSD ein, später kontrollierte Hyperventilation.

Gemeinsamkeit transpersonaler Erfahrung ist, dass sie sie auf eine Realität jenseits des Individuums verweist.

Neben Maslow und Grof sind u.a. A. Sutich und K. Wilber Begründer der Tranpersonalen Psychologie.

Der folgende Auszug aus dem Buch von Harald Piron, einem zeitgenössischem deutschen Vertreter der Transpersonalen Verhaltenstherapie, gibt eine Einführung.

*H. Piron Transpersonale Verhaltenstherapie* (1)

*30 Jahre Meditationsforschung haben gezeigt, dass sich Achtsamkeit und Meditation äußerst positiv auf die seelische und körperliche Heilung auswirken, und zwar bei einem großen Spektrum an psychischen und vegetativen Beschwerden (vgl. Engel, 1999; Piron, 2003).*

*Die Notwendigkeit einer transpersonalen Wende.*
*Die Zeit ist reif für eine transpersonale Wende in der Verhaltenstherapie. So lautet die These dieses Buches. Der Mensch lässt sich nicht auf sein Verhalten reduzieren, weder auf sein physiologisches, motorisches, emotionales noch auf sein gedankliches Verhalten. Er lässt sich auch nicht auf das Gehirn reduzieren, auch wenn kurzsichtige Statements aus der Gehirnforschung dies nahelegen wollen. Auch kann die Identität des Menschen nicht mit der Persönlichkeit bzw. dem Produkt seiner Lerngeschichte gleichgesetzt werden. Wenn der Mensch wirklich nur das Ergebnis seiner Vergangenheit wäre, würde sich das Leben immer nur wiederholen.*

*Der Mensch beinhaltet darüber hinaus auch das Potenzial seiner Zukunft. In ihm lebt etwas Unkonditioniertes, Schöpferisches, Transpersonales, etwas, das über seine eigene, gewordene, biologisch determinierte und biografisch konditionierte Persönlichkeit hinausweist und Selbsttranszendenz ermöglicht, so dass er über sich selbst hinauswachsen kann.*

*Wenn wir uns die Frage stellen, wer oder was wir sind, und uns nicht mit einer angelesenen Antwort bzw. einer gedanklichen oder emotionalen Identifikation zufriedengeben, können wir eintreten in einen inneren Raum der Stille und des Staunens, in dem das Denken vorübergehend zur Ruhe kommt. Wir werden Zeuge einer sehr realen Präsenz, die weder Körper noch Gefühl noch Gedanke ist. In ihr wird die Trennung von Geist, Gefühl und Körper aufgehoben. Die Verhaltenstherapie, wie*

45

*überhaupt die Psychotherapie, vernachlässigt im Allgemeinen diese unkonditionierte Dimension unseres Wesens und beschränkt sich stattdessen nur auf die konditionierten Reaktionen und Anteile, also auf all das, was durch Lernprozesse und Erfahrungen entstanden ist. Die Frage nach unserer wahren Identität, jenseits unserer gelernten Rollen und Selbstbilder, wird daher nicht berührt.*

*Wenn jedoch nicht das innere, tiefere Wesen berührt wird, können auch keine stabilen, heilsamen Veränderungen in unserer Person stattfinden. Die Identifikation mit der Konditionierungsgeschichte unserer Vergangenheit bleibt folglich weiterhin bestehen und blockiert jeden noch so fruchtbaren Versuch einer Veränderung in die gewünschte Richtung. Ein Problem kann nicht auf derselben Ebene gelöst werden, auf der es sich zeigt. Es muss verbunden werden mit einer höheren bzw. tieferen, umfassenderen Wirklichkeit, die größer ist als das Problem, größer als die Konditionierungsdramen, größer als die neurotischen oder narzisstischen Persönlichkeitsanteile. Eine solche Wirklichkeitsdimension wird daher auch als transpersonal bezeichnet. Sie ist nicht in der Persönlichkeitsstruktur oder Lerngeschichte des einzelnen Individuums zu finden, auch nicht im Körper oder Gehirn lokalisierbar, aber dennoch als unser tiefster, innerer Wesensgrund grundsätzlich erfahrbar.*

*Die in diesem Buch skizzierte Transpersonale Verhaltenstherapie (TVT) stellt eine Weiterentwicklung der kognitiven Verhaltenstherapie dar, bei der die vier Dimensionen „Physiologie", „Motorik", „Emotionen" und „Kognitionen" um die fünfte Dimension des Bewusstseins ergänzt werden. Bewusstsein ist der Raum, in dem alles stattfindet: unsere Dramen, Glückserlebnisse, all unsere Wahrnehmungen, Gedanken, Erinnerungen, Gefühle, Hoffnungen und Ängste. Ihn zu ignorieren würde bedeuten, die weiße Leinwand im Kino zu*

46

leugnen und den Film mit objektiver Realität zu verwechseln. Therapieversuche, die nur eine ganz bestimmte Angst oder Symptomatik bewältigen wollen und die Quelle der Ur-Angst, die in der Identifikation des Bewusstseins mit einem Ego-Konstrukt besteht, unberücksichtigt lassen, ähneln den Versuchen der auf Stühle gefesselten Menschen in Platons Höhlengleichnis, ihre Schatten, die durch das von hinten einfallende Licht auf die Felswand im Innern der Höhle projiziert werden und die sie für unabhängige, eigenständige Gestalten halten, genau zu analysieren, zu beeinflussen und in den Griff zu bekommen. Sie werden aus diesen Gestalten jedoch nicht schlau, können also das Problem durch Kontrollversuche auf dieser Ebene nicht meistern. Wenige lösen ihre Fesseln, drehen sich um und erkennen, dass diese Schatten von dem Feuer verursacht werden, das sich hinter ihren Rücken befindet. Das Feuer ist ein schönes Symbol für den Geist. Es könnte ebenso gut das Tageslicht sein. Das Problem löst sich auf, indem es im Angesicht des Lichtes und der Freiheit an Bedeutung verliert und als das angesehen wird, was es ist: Schatten, leer von eigener Existenz. Genau so löst sich jedes emotionale Problem auf, wenn die Leere dahinter geschaut wird und sich in die Erfahrung der Fülle verwandelt. Dieser Weg wird im Praxisteil anhand verschiedener Beispiele und Übungen aufgezeigt.

In unserem Unterbewusstsein sitzt ganz tief diese Angst vor der Leere, als ob wir unbewusst wissen oder ahnen, dass letztlich alle Dinge, einschließlich das eigene Ich, leer von objektiver Existenz sind, wie Buddha bereits 2500 Jahre vor der Quantenphysik erkannte. Aus dieser Sicht, die auch die Existenzialphilosophie teilt, lassen sich psychische Probleme als dysfunktionale Versuche von Vermeidung dieser Leere verstehen. In der tiefen Meditation kann diese Leere erfahren werden. Sie offenbart sich als absolute, zeitlose Wirklichkeit.

*Die Erfahrung dieser Leere, die gleichzeitig Fülle ist, geht über alles begriffliche, dialektische Denken hinaus. Sie entzieht sich allen Vorstellungen, Begriffen und Unterscheidungen. Weite, Kraft, Geborgenheit, Einheit und Fülle sind einige ihrer Qualitäten. Sie selbst ist jedoch eigenschaftslos. Die existenzielle Leere wird in der tiefen Meditation zu einer transpersonalen Leerheit, die nicht mehr im nihilistischen Sinne einer abgrundtiefen Abwesenheit gleichkommt, sondern eine positive Präsenz bzw. allumfassende Anwesenheit erlebbar macht (vgl. Jäger, 2003,2004; von Brück, 1989). Möge man diese allumfassende Anwesenheit nun „Gott", „universale Liebe", „klares Licht", „absolutes Bewusstsein", ‚Buddha-Natur", „Dharmadatu" oder wie auch immer nennen, sie wird für den Mystiker (egal, welcher Religion) durch seine meditativen Realisierungen zu einer absoluten Gewissheit. Mit Assagioli sehe ich in dieser Erfahrungsdimension die Möglichkeit für die Auflösung der Wurzel aller Ängste:*
*„Eine der häufigsten Ursachen von Leid und Fehlverhalten ist die Angst, sowohl die individuelle Angst als auch die kollektiven Ängste, die die Menschen sogar in einen Krieg treiben können. Nun bringt die Erfahrung der überbewussten Realität die Angst zum Erlöschen. Jegliches Gefühl von Angst ist unvereinbar mit der Erkenntnis der Fülle und Dauerhaftigkeit des Lebens." (Assagioli, 1992)*

Wenn ein Psychologe auch noch folgendes sagen sollte, würde er aus der „wissenschaftlichen Gemeinde" „exkommuniziert."
*Du musst dir letztendlich über diese gewaltige Lehre klar werden: Alle Geschöpfe sind zwar dem Anschein nach getrennt, aber wahrhaft nur eines; alle Wesen gehen von der Gottheit aus und sind in der Gottheit vereint. Wer dies wirklich erfasst, wird die Gottheit und erlangt dadurch Befreiung.*

*Bhagavad Gita*

# VI–Spiritualität/Neurowissenschaften

*UND DANN?*
*Zu einem Zen-Meister kam eines Tages ein junger Mann und erzählte ihm mit großer Freude, dass seine Eltern ihm endlich erlaubt hätten, Rechtswissenschaften zu studieren. »Ich werde keine Mühe scheuen, mein Studium erfolgreich abzuschließen.« Der Meister, der nicht gern viele Worte machte, hörte dem jungen Mann gelassen zu und sagte nur: »Und dann?«*
*»Dann werde ich ein guter Rechtsanwalt sein«, erwiderte der junge Mann begeistert.*
*»Und dann?«, fragte der Meister weiter.*
*»Dann«, sagte der junge Mann, »werde ich viele Prozesse führen, von denen ich natürlich die meisten gewinnen werde, so dass aufgrund meiner Erfolge und meines Ansehens die Klienten in Scharen zu mir strömen werden.«*
*»Und dann?«, fragte der Meister wieder.*
*»Dann«, fuhr der junge Mann fort, »werde ich viel Geld verdienen, heiraten, eine Familie gründen, ein großes Haus bauen, einen teuren Wagen kaufen und ein schönes Leben führen.«*
*Ruhig fragte der Meister wieder: »Und dann?«*
*»Dann«, sagte der junge Mann nachdenklich, »dann werde ich eines Tages sterben.«*
*Der Meister hob noch einmal die Stimme und fragte: »Und dann?«*

*Unbekannte Quelle*


*Das kann doch nicht alles gewesen sein,*
*das bisschen Sonntag und Kinderschrein.*

*Liedtext Wolf Biermann*


Menschen fragen : Wer bin ich? Was ist der Sinn des Lebens?

In spirituellen Traditionen ist Meditation eingebettet in eine integrale Seinsweise, die z.B. auch ethische und religiöse Anteile enthält. Praktiken wie MBSR (<u>M</u>indfull <u>B</u>ased <u>S</u>tress-<u>R</u>eduction) haben diesen Überbau weitgehend abgeschafft. Das hat den Vorteil, dass keine weltanschaulichen Barrieren den Zugang verhindern. Der gravierende Nachteil ist, dass die Sinnfrage verloren geht. Achtsamkeit kann meine Funktionsfähigkeit in körperlicher und geistiger Hinsicht verbessern. Aber: *Das kann doch nicht alles gewesen sein.*

Spiritualität bedeutet in diesem Buch die Suche nach der Einswerdung mit dem Ursprung allen Seins. Das Ziel der Suche ist Erwachen, die dauerhafte Befreiung von der Illusion der Getrenntheit. Dafür ist Meditation erforderlich.

Der folgende Auszug aus einem Buch zeigt, worum es geht.
*Eran Laor (1900-1990), Die Große Einheit(1)*

*Wir haben den Sinn des Lebens verloren.*
*Auch dem stumpfsten unserer Zeitgenossen wird schon die Erkenntnis aufgedämmert sein, dass die rastlose Unruhe, das Unbefriedigtsein, die unstillbare Sehnsucht, von der die Menschen unserer Zeit verzehrt werden, bei weitem nicht nur als die Folge zweier Kriege anzusehen sind. Die Ursache liegt viel tiefer und lautet kurz gefasst: Wir haben unseren Gott verloren!*
*Wir haben die zentrale Idee verloren, die Menschen zusammenhält, ausfüllt, hochreißt!*
*Wir haben unsere Wurzeln, wir haben den Sinn des Lebens verloren!*
*Alle an den Symptomen vorgenommenen Heilversuche, alle politischen und wirtschaftlichen Konferenzen und Übereinkommen, alles Moralisieren kann - wenn überhaupt - nur lindern, aber nicht heilen. Die einzig radikale Kur wäre es,*

*dem Leben wieder Sinn zu geben, unserer Kultur die richtunggebende, zentrale Idee wiederzugeben, die sie Jahrhunderte hindurch besaß.*

*Eine Rückkehr zu Vergangenem gibt es aber nicht, und es hat den Anschein, als wären wir von einem neuen Sinn noch weit entfernt. Heute leben wir in einer Übergangsepoche. Alle großen Ideale sind zertrümmert.*

*Nicht als ob eine Änderung der äußeren Verhältnisse, des politischen, sozialen und wirtschaftlichen Gefüges nicht wichtig wäre. Aber alle Änderungen werden zu nichts führen, der Mensch wird das gleiche unglückselige Geschöpf, unsere Gesellschaft mit den gleichen Unzulänglichkeiten wie bisher behaftet bleiben, solange diese Änderungen nicht von einer gemeinsamen, zentralen Idee aus diktiert sein werden.*

*Das tiefste Gefühl, dessen Menschen überhaupt fähig sind, ist das Gottes-Erlebnis. Gott kann aber nur im Innern des Menschen erlebt werden.*

*Das Eindringen in die Gottheit kann so weit gehen, dass sich Mensch und Gott zu verschmelzen scheinen - da entsteht die Gottessohnschaft.*

*Es ist das Erfühlen unseres inneren Zusammenhanges mit dem Außer-uns. Es ist Annäherung an den Urgrund des Seins. Es ist das Aufgehen im großen Gewoge des Alls.*

*In Jesus sehe ich einen Jener, denen es gegeben war, am tiefsten bis zur Verschmelzung mit der Gottheit, bis zur Gottessohnschaft vorzudringen. Ich sehe in ihm den mit Gott einsgewordenen Menschen, der mit seinem tiefen Wissen um die Wahrheit vor die Menschen hintrat, um sie zum Gotteserlebnis hinzuführen.*

*Nicht dadurch erlöste er die Menschen, dass er für sie starb. Er erlöste sie dadurch, dass er ihnen den Weg zum Gotteserlebnis wies.*

*Die Gottessohnschaft bedeutet das Einsgewordensein mit der*

51

*Gottheit. Das Erlösertum bedeutet die Befreiung aus den Banden des Irdischen und die Einführung in das Himmelreich des geistigen Seins.*

*Gott steht nicht außerhalb des Menschen, die Natur ist kein Fremdkörper, dem der Mensch gegenübersteht. Gott ist in ihm und er ist in Gott. Er ist in der Natur und die Natur ist in ihm. Er fühlt sich eins mit aller Kreatur, ob sie lebendig ist oder tot scheint, mit allem Seienden, das da ist, war und sein wird.*

*Das tiefste Gefühl, dessen Menschen überhaupt fähig sind, ist das Empfinden und Erleben der Einheit alles Seienden. Es ist dasselbe, was man religiöses Gotteserlebnis nennt. Teil davon und Stufe dazu ist alles, was man Naturgefühl, Kunstempfinden, was man Liebe nennt.*

*Dieses Gefühl der Einheit, diese erhabene Gottes-Gemeinschaft verbietet aus sich heraus jeden Kampf, jede Vergewaltigung des andern. Aber nicht nur, dass es die Vergewaltigung verbietet, fordert dieses Gefühl auch die restlose Vereinigung mit den andern. Es erlaubt nicht, dass Gegensätze zwischen Mensch und Mensch bestehen bleiben, es gebietet den tatsächlichen Zusammenschluss aller in eine große Gemeinschaft.*

*Alles mündet in die Große Einheit, Ich und Du sind eins. Mein Volk und Dein Volk sind eins. Alle sind wir nur Teile eines Ganzen.*

*Von diesem Gefühl aus müssten die Erscheinungen, die unser Leben gestalten, gespeist sein.*

*Das Bewusstsein der Einheit müsste jeden Menschen beseelen.*

*Alles andere, die Idee der Humanität und sämtliche Moralgesetze sind nur Folgerungen aus dieser einen Zentralidee.*

*Wäre das Verhältnis des Menschen zum All auf das Bewusstsein der All-Einheit gegründet, wäre dieses Bewusstsein die Zentralidee, von der aus das ganze Sein des Menschen gespeist wird, dann fielen alle Unvollkommenheiten von selbst von ihm ab.*

*Der soziale Organismus würde anders aussehen, die Politik würde anders aussehen, wenn dieses Gefühl das Regulativ der menschlichen Handlungen wäre.*

*Wirklich frei sind wir nur in uns selbst. Der Urmensch war nicht frei, weil er erdrückt ward von den Schrecken seiner Umgebung. Der Kulturmensch ist nicht frei, weil er erdrückt wird von den Gesetzen seiner Lebensformen.*

*Frei ist der Mensch nur, wenn er sich in sich selbst versenkt, alle Fesseln von sich streift und seinen Zusammenhang mit dem All erfühlt. In dem großartigen Gewoge des Alls ist er frei.*

*Streift die Fesseln der Vorurteile von Euch ab, streift die Fesseln des Aberglaubens von Euch ab, des religiösen und des wissenschaftlichen.*

*Steigt hinab, steigt hinab in Eure eigenen Tiefen und erschaut das Wunderreich der göttlichen Freiheit!*

*Wisset, dass das Wesen, das Ihr zu sein glaubt, dass Euer »Ich« nicht das Wesentliche an Euch ist. Das »Ich« ist nur Hülle, ist nur eine materielle Manifestation. Ihr müsst in Euer Inneres hinabsteigen, um Euch und Euren Ursprung zu erkennen und den tiefinnerlichen Zusammenhang zwischen Eurem Wesen und allem Seienden zu erfassen.*

*Wenn Euch dies gelingt, versteht Ihr Euch und die Welt und alle Erscheinungen. Dann gibt es kein Geheimnis mehr für Euch, keine Trauer, kein Bangen, kein Aufbrausen, keine Anklage, keine Unzufriedenheit, keinen Hass und keine Missgunst. Denn Ihr habt die Weltseele erkannt, deren Teilchen wir nur sind, die die Gestirne bewegt und die ein und dieselbe ist in uns, im Gras und im Baum und die da ist und sein wird, unwandelbar, allausfüllend, grenzenlos, immer die eine, sie selbst, und außer ihr nichts, was da sein könnte.*

*Wen die Gnade erwählt zu göttlichem Wissen, der wird auch das irdische Glück niemals missen.*

*Woher kommen wir?*
*Aus der Ewigkeit!*
*Wohin gehen wir?*
*In die Ewigkeit!*
*Und Ewigkeit tragen wir in uns!*
*Erkenne Dich selbst, denn mehr ist in Dir als Du ahnst.*
*Erkenne Dich selbst, so erkennst Du Gott.*
*Keinen anderen Weg gibt es da, als zurück, zurück zu den Urtiefen des Seins, zu den Uranfängen, zu Gott.*
*Denn es ist ein verhängnisvoller Irrtum, zu meinen, dass die Werte irgendwo in erträumten Höhen und am Ende irgendeines Weges liegen, den wir fortzuschreiten haben. Die Werte ruhen in den Tiefen und am Anfang. Nie werden wir von außen, durch unsere Sinne an sie herankommen, immer nur von innen, durch unser Inneres hindurch. Nur durch unser Inneres gelangen wir zu Gott.*
*Ich will nicht das Werden, sondern das Sein.*

„Das tiefste Gefühl ist das Erleben der Einheit alles Seienden."
„Erkenne Dich selbst, so erkennst Du Gott."

Beim Lesen des Buches fiel mir auf, dass sich vieles  mit den Aussagen der Upanishaden deckt. Es findet sich aber nirgendwo im Buch ein Hinweis darauf. Eran Laor wurde in Ungarn geboren. Er wanderte 1934 nach Palästina aus.

Mit Judentum verbinde ich eigentlich ein patriarchalisches Gottesbild und „auserwähltes Volk". In der Kabbala, dem mystischen Teil des Judentums, findet man ein anderes Gottesbild:
*„Gott sagt: es gibt nur mich. Alles, was ist, ist Ich. Zwar trete ich aus dem Einssein in die Zersplitterung, in die Vielheit hinein, aber ich bleibe doch immer der, der ich bin, in den*

*vielfältigsten Gestalten und Kräften werde ich mich zeigen. Und doch bin ich der, der ich bin, und bin schon jetzt, der ich sein werde. Ich werde Blitz sein, ich werde Berg sein, Fluss, ich werde der Lauf der Gestirne sein. Mineralien, Pflanzen und Menschen werde ich sein. Und werde doch immer der Eine sein, das Eine, die Einheit des Vielen. Nichts und niemand wird außerhalb meiner sein, nichts und niemand neben mir. Irrtum wäre es, eine meiner vielen Emanationen als Gottheit anzubeten. Zwar bin ich der Blitz, aber der Blitz ist nicht Ich. Zwar bin ich der heilige Berg, aber der Berg ist nicht Ich. Zwar bin ich der Fluss, das Unwetter, die Jahreszeit, aber sie alle sind nur winzige Atome meines unendlichen Leibes."*

*Kabbala*

Im frühen Christentum gab es ähnliche Sichtweisen, die später vom orthodoxen Christentum als ketzerisch verboten wurden. 1945 wurden in der Nähe der ägyptischen Stadt Nag Hammadi verschollene frühchristliche Schriften gefunden, auch das Thomasevangelium. In *„Das Evangelium des Thomas"* findet sich dieser Text mit einem Kommentar von *Jean-Yves Leloup*(2). Ausführliches Hintergrundwissen wird in *„Elaine Pagels, Das Geheimnis des fünften Evangeliums"*(3) vermittelt.
*Logion 77*
*Jesus sprach:*
*Ich bin das Licht, das alle Menschen erleuchtet.*
*Ich bin das GANZE.*
*Das GANZE ist aus mir hervorgegangen und*
*das GANZE ist mir zugekommen.*
*Spaltet Holz, ich bin da.*
*Hebt einen Stein auf, ihr werdet mich dort finden.*

*Thomas Evangelium*

Ein Klassiker der spirituellen Literatur sind die *Upanishaden*.

Upanishad bedeutet wörtlich „sich nahe hinsetzen" (zu Füßen eines spirituellen Lehrers). In dem Buch von *E. Easwaran* findet man eine Auswahl. Die Gesamtausgabe umfasst ca. 1000 Seiten.

*Tejobindu Upanischad(x)*

*Lasst uns über das strahlende Selbst meditieren, das, unveränderlich, der Welt der Veränderung zugrunde liegt und in Samadhi im Herzen realisiert wird.*

*Schwer ist es, das höchste Ziel des Lebens zu erreichen, schwer, es zu beschreiben, und schwer, darin zu bleiben.*

*Diejenigen allein erlangen Samadhi, die ihre Sinne gemeistert haben und frei von Zorn sind, frei von Eigenwillen und von Vorlieben und Abneigungen, ohne egoistische Bindungen an Menschen oder Dinge.*

*Diejenigen allein erlangen Samadhi, die bereit sind, sich in den drei Stufen der Meditation(x) einer Herausforderung nach der anderen zu stellen. Unter Anleitung eines erleuchteten Lehrers gelangen sie zur Vereinigung mit dem Herrn der Liebe, der überall anwesend ist.*

*Obwohl die drei Gunas(y) ihm entspringen, ist er unendlich und unsichtbar.*

*Obwohl alle Galaxien aus ihm hervorgehen, ist er ohne Gestalt und nicht konditioniert.*

*Mit dem Herrn der Liebe vereinigt zu werden bedeutet, von aller Konditionierung befreit zu werden.*

*Das ist der Zustand der Selbst-Verwirklichung, ganz unerreichbar für Worte und Gedanken.*

*Mit dem Herrn der Liebe vereinigt zu werden, dem unvergänglichen, unveränderlichen, jenseits von Ursache und Wirkung existierenden, bedeutet, unendliche Freude zu erlangen.*

*Brahman ist jenseits aller Dualität, unerreichbar für den*

*Denkenden und den Gedanken.*

*Lasst uns über das strahlende Selbst meditieren, die letztgültige Wirklichkeit, die von den Weisen in Samadhi realisiert wird.*

*Brahman kann nicht von jenen realisiert werden, die Gier, Angst und Zorn unterliegen. Brahman kann nicht von jenen realisiert werden, die dem Stolz auf Ruf und Ruhm oder der Eitelkeit der Gelehrsamkeit unterliegen. Brahman kann nicht von jenen realisiert werden, die in die Dualität des Lebens verstrickt sind.*

*Aber all jenen, die diese Dualität durchbrechen, deren Herzen dem Herrn der Liebe geschenkt werden, schenkt er sich durch seine unendliche Gnade; schenkt er sich durch seine unendliche Gnade.*

*x Nach innen Gehen (Dharana)→Zentrieren (Dhyana )→Stille (Samadhi)*

*y Grundeigenschaften: Sattva=Reinheit, Rajas=Aktivität, Tamas=Trägheit*

## Amritabindu-Upanischad(4)

*Der Geist, kann man sagen, ist von zweierlei Art: rein und unrein. Getrieben von den Sinnen, wird er unrein; sind die Sinne aber unter Kontrolle, so wird der Geist rein. Der Geist ist es, der uns befreit oder versklavt. Getrieben von den Sinnen geraten wir in Gebundenheit. Die Sinne beherrschend werden wir frei. Die nach Freiheit Strebenden müssen Herr über ihre Sinne sein. Wenn der Geist von den Sinnen losgelöst ist, erreicht man den Gipfel des Bewusstseins. Geistesbeherrschung führt zur Weisheit. Übe Meditation. Beende alles unnütze Gerede. Der höchste Zustand ist für die Gedanken unerreichbar, er liegt jenseits aller Dualität. Wiederhole ständig das uralte Mantra OM, bis es in deinem Herzen widerhallt. Brahman ist unteilbar und rein; realisiere Brahman und gehe so über alle Veränderung hinaus. Es ist immanent* und transzendent. Indem sie es realisieren, gewinnen die Weisen die Freiheit und erklären, dass der Geist aller ungesondert eins ist. Sie realisieren damit nur, was sie immer schon sind. Wachend, schlafend, träumend ist das Selbst eines. Transzendiere diese drei Zustände und gehe so über die Wiedergeburt hinaus. Es gibt nur ein einziges Selbst in allen Kreaturen. Das Eine ist dem Anschein nach viele, geradeso wie der im Wasser gespiegelte Mond dem Anschein nach viele ist. Das Selbst scheint seinen Standort zu verändern, tut dies aber nicht, geradeso wie die Luft in einem Krug sich nicht verändert, wenn der Krug umherbewegt wird. Wenn der Krug zerbrochen wird, merkt die Luft es nicht. Das Selbst hingegen merkt es genau, wenn der Körper abgelegt wird. Wir sehen das durch Maya verborgene Selbst nicht; wenn der Schleier fällt, sehen wir, dass wir das Selbst sind. Das Mantra ist das Symbol des Brahman; sein wiederholtes Sprechen kann dem Geist Frieden bringen. Es gibt zweierlei Wissen: niederes und höheres. Realisiere das Selbst, denn alles Übrige ist niedere Erkenntnis. Die Realisierung ist der Reis; alles Übrige ist die Spreu. Die Milch von Kühen jedweder Farbe ist weiß. Die Weisen sagen, dass die Weisheit die Milch ist und die geheiligten Schriften die Kühe sind. Wie die Butter drinnen in der Milch verborgen liegt, ist das Selbst in den Herzen aller Wesen verborgen. Quirle butternd den Geist durch die Meditation darüber. Entzünde dein Feuer durch die Meditation darüber: das Selbst, ganz Ganzes, ganz Frieden, ganz Gewissheit. »Ich habe das Selbst realisiert«, erklärt der Weise, »das in allen Wesen gegenwärtig ist. Ich bin vereinigt mit dem Herrn der Liebe; ich bin vereinigt mit dem Herrn der Liebe.«

### Atma-Upanischad(4)

Dies ist die Lehre des Weisen Angiras: Der Purusha manifestiert sich auf dreierlei Weise:

*als äußeres, inneres und das höchste Selbst.*

*Haut, Fleisch, Wirbelsäule, Haare, Finger, Zehen, Nägel, Fußknöchel, Bauch, Nabel, Hüften, Schenkel, Wangen, Augenbrauen, Stirn, Kopf, Augen, Ohren, Arme, Seiten, Blutgefäße, Nerven: Diese bilden das äußere Selbst, den Körper, der Geburt und Tod unterliegt.*

*Das innere Selbst nimmt die Außenwelt wahr, die aus Erde, Feuer, Wasser, Luft und Raum besteht.*

*Es ist Opfer von Vorlieben und Abneigungen, Lust und Schmerz sowie von Täuschung und Zweifel.*

*Es kennt alle Feinheiten der Sprache, findet Gefallen an Tanz, Musik und allen schönen Künsten;*

*erfreut sich an den Sinnen, erinnert sich an die Vergangenheit, liest die heiligen Schriften und ist handlungsfähig. Das ist der Geist, die innere Person.*

*Das höchste, in den heiligen Schriften verehrte Selbst kann durch den Yogaweg realisiert werden. Feiner als der Banyansame, feiner als das winzigste Korn, feiner noch als der hunderttausendste Teil eines Haars, kann dieses Selbst nicht gefasst, nicht gesehen werden. Das höchste Selbst wird weder geboren noch stirbt es. Es kann nicht verbrannt, bewegt, durchbohrt, gespalten, auch nicht gedörrt werden. Jenseits aller Attribute ist das höchste Selbst der ewige Zeuge, stets rein, unteilbar und unzusammengesetzt, weit jenseits der Sinne und des Ego. In ihm finden Konflikte und Erwartungen ein Ende. Es ist allgegenwärtig, jenseits allen Denkens, ohne Aktivität in der äußeren Welt, ohne Aktivität in der inneren Welt. Losgelöst vom Äußeren und vom Inneren, reinigt dieses höchste Selbst das Unreine.*

*Paramahamsa-Upanischad(4)*
*Narada fragte beim Herrn der Liebe nach:*
*»Welches ist der Zustand des erleuchteten Menschen?« Der*

Herr erwiderte: »Schwer zu erreichen ist der Zustand des erleuchteten Menschen. Nur wenige erlangen ihn. Aber schon einer genügt. Denn der ist das reine Selbst der heiligen Schriften; er ist wirklich bedeutend, weil er mir dient, und ich gebe mich durch ihn immer zu erkennen.« Er hat alle eigensüchtigen Anhaftungen aufgegeben und hält keine Riten und Zeremonien ein. Er hat nur minimalen Besitz und lebt sein Leben zum Wohle aller. Er hat keinen Stab und kein Haarbüschel, auch keine heilige Schnur. Er begegnet der Hitze und Kälte, der Lust und dem Schmerz, der Ehre und Schmach mit gleicher Ruhe. Er wird nicht tangiert von Verleumdung, Hochmut, Eifersucht, Status, Freude oder Kummer, Gier, Zorn oder Vernarrtheit, Aufgeregtheit, Egoismus oder sonstigen Anreizen; denn er weiß, dass er weder Körper noch Geist ist. Befreit vom Einfluss des Zweifels und falschen Wissens lebt er vereinigt mit dem Herrn der Liebe, der stets gelassen, unwandelbar, unteilbar ist, der Quell aller Freude und Weisheit. Der Herr ist seine wahre Heimstatt, sein Pilger-Haarbüschel, seine heilige Schnur; denn er ist in den Vereinigungszustand eingetreten. Nach erfolgter Aufgabe jedweden eigennützigen Begehrens hat er seine Ruhe im Herrn der Liebe gefunden. Weisheit ist der Stab, der ihn jetzt stützt. Jene, die einen Bettelmönchstab nehmen, während sie noch ihren Sinnen ausgeliefert sind, können gewaltigem Leid nicht entgehen. Der erleuchtete Mensch kennt diese Lebenswahrheit. Für ihn ist das Universum sein Gewand und der Herr nicht getrennt von ihm selbst. Er bringt keine Ahnenopfer dar; er lobt niemanden, tadelt niemanden, ist nie auf irgendjemanden angewiesen. Er hat keinen Grund, das Mantra zu wiederholen, keinen Grund mehr, Meditation zu üben. Die Welt der Veränderung und die unveränderliche Wirklichkeit sind ihm eins, denn er sieht alles in Gott. Der spirituell Strebende, der den Herrn sucht, muss sich von eigensüchtigen Anhaftungen an

*Personen, Geld und Besitz befreien. Sobald sein Geist jedwedes eigennützige Begehren ablegt, wird er frei von der Dualität, von Lust und Schmerz, und beherrscht seine Sinne. Nicht länger mehr ist er zu Übelwollen fähig; nicht länger mehr neigt er zu Hochgefühl, denn seine Sinne kommen im Selbst zur Ruhe. In den Vereinigungszustand eintretend erreicht er das Ziel der Evolution. Wahrlich erreicht er das Ziel der Evolution.*

Solche Texte öffnen das Herz. Eine Antwort auf „*Das kann doch nicht alles gewesen sein.*" Des öfteren erzeugen sie aber eine Abwehrhaltung.

Buddha hat auf die Frage, ob Materie allein existiere und der Geist eine Auswirkung der Materie sei, nicht geantwortet. Ebenso hat er auf die Frage, ob der Geist die Basis alles Existierenden sei, nicht geantwortet. Niemand hat aus seinem Schweigen gefolgert, dass er Materialist oder Idealist sei. Auf die Frage, ob es einen Gott gibt, hat er wie auf alle solche Fragen (es war nicht sein Anliegen, eine neue Weltanschauung zu kreieren; er wollte einen Weg zur Befreiung vom Leid zeigen) geschwiegen. Daraus wurde gefolgert, er sei Atheist. So ist dem Buddhismus Gott abhanden gekommen. Es gibt buddhistische Texte über den Ur-Buddha, wo davon die Rede ist, dass seine Zehe eine Anzahl Galaxien sei. Das deckt sich mit dem Gottesbild der Upanishaden oder der Kabbala, wo Gott nicht ein Architekt außerhalb der Schöpfung ist, sondern immanent in ihr ist.

Nach buddhistischen Lehren bestehen wir aus einer ständig wechselnden Kombination von Daseinsfaktoren, den Skandhas. Durch Identifikation mit diesen Faktoren entsteht die Vorstellung einer eigenständigen Persönlichkeit (Ego). Diese Faktoren haben keine eigenständige Existenz und werden deshalb als leer bezeichnet. Das wird oft falsch als nicht existierend verstanden. Buddha hat das folgendermaßen erklärt:

*Angenommen ein Mann betrachte die vielen Wasserblasen auf dem Ganges, und er beobachtete und untersuchte sie gründlich; nachdem er dies getan habe, erschienen ihm diese leer, unwirklich und ohne Substanz. In derselben Weise betrachtet der Mönch alles Körperliche, alle Empfindungen, Wahrnehmungen, Geistesregungen und alles Bewusstsein, ob vergangen, gegenwärtig oder zukünftig, eigen oder fremd, grob oder fein, gemein oder edel, fern oder nah, und er erkennt sie als leer, nichtig und wesenlos. Und so sagt er sich: «Das gehört mir nicht, das bin ich nicht, das ist nicht mein Selbst. »*

Mit „Neti, Neti" meinen die Upanishaden dasselbe.

Buddha sagte, dass es innerhalb der ständig wechselnden Daseinsformen kein  beständiges Selbst gibt. Das ist die Lehre vom Anatman. Auch die wird oft falsch verstanden. Dass es auf der relativen Ebene keinen Atman (wird üblicherweise mit Seele übersetzt) gibt, bedeutet aber nicht, dass es ein SELBST (groß geschrieben als Abgrenzung zum Selbst = Ego) auf der absoluten Ebene nicht gibt. Im Buddhismus wird das dann als Buddha-Natur bezeichnet. Buddha ist konform mit den Upanishaden und Mystikern wie Meister Eckhart.

Eigentlich könnte man den Disput über Gott und Seele ad acta legen.


Zurück zur Wissenschaft. Dazu ein Auszug aus dem Buch von *Ulrich Ott(5), Meditation für Skeptiker.*

*Eine wissenschaftliche Untersuchung von Harald Piron (2003) ergab, dass sich die Erfahrungen von Meditierenden tatsächlich entlang einer Tiefendimension entfalten. Er untersuchte klassische Texte buddhistischer, christlicher, hinduistischer und daoistischer Traditionen, die eine Abfolge von Stufen zunehmender Vertiefung im Verlauf der Meditationspraxis beschreiben. Anschließend bat er vierzig Meditationslehrer und*

*-lehrerinnen, eine Reihe typischer Erfahrungen hinsichtlich ihrer jeweiligen Tiefe einzustufen. Bei den Befragten handelte es sich um autorisierte Lehrende verschiedener Traditionen mit mindestens zwanzig Jahren eigener Praxis und zehn Jahren Lehrtätigkeit. Die Urteile dieser Experten zeigten ein sehr hohes Maß an Übereinstimmung, so dass die Erfahrungen fünf Bereichen unterschiedlicher Tiefe zugeordnet werden konnten:*

*1. Hindernisse: Unruhe, Langeweile, Motivations-/ Konzentrationsprobleme.*

*2. Entspannung: Wohlbefinden, ruhige Atmung, wachsende Ruhe.*

*3. Konzentration: Achtsamkeit, kein Anhaften an Gedanken, innere Mitte, Energiefeld, Leichtigkeit, Einsichten, Gleichmut, Frieden.*

*4. Essentielle Qualitäten: Klarheit, Wachheit, Liebe, Hingabe, Verbundenheit, Demut, Gnade, Dankbarkeit, Selbstakzeptanz.*

*5. Nicht-Dualität: Gedankenstille, Einssein, Leerheit, Grenzenlosigkeit, Transzendenz von Subjekt und Objekt.*

*Diese fünf Tiefenbereiche liefern eine grobe Landkarte der potentiellen Bewusstseinsveränderungen durch Meditation.*

Dazu habe ich mir damals einige Gedanken gemacht.

Zu 1) Zum Trost für Anfänger. Das bleibt auch erfahrenen Meditierenden nicht erspart. Der Geist in seinem ursprünglichen Zustand ist wie ein ruhiger See mit glatter Oberfläche. Wirf einen kleinen Stein (Gedanken) hinein und du bekommst kleine Wellen. Wirf einen Felsbrocken (Gedankenketten, verknüpft mit Erinnerungen/Erwartungen, bewertet durch Gewohnheitsmuster wie Angst oder Sorge) hinein und du hast starke Wellen.

Zu 2) Entspricht etwa dem, was man bei Progressiver Muskelrelaxation erfährt. Im Yoga versteht man unter Entspannung die Abkopplung des Geistes von Sensorik und Motorik des Körpers, wie man es vom Schlaf kennt. Im Schlaf verliert man allerdings das Bewusstsein. Meditation ist die Verknüpfung der Entspannung des Schlafes mit voller Wachheit.

Zu 3) Achtsamkeit ist das zentrale Thema im Zen. Wer glaubt, er sei schon am Ziel, irrt. Auch ist es ein Hindernis, am Objekt der Meditation (z.B. Atem) zu kleben. Samadhi geschieht durch Loslassen von allem – inklusive der Meditation.

Zu 4) In Zen-Texten muss man lange nach Worten wie Liebe, Hingabe oder Demut suchen. Im Tibetischen Buddhismus werden Weisheit/Klarheit des Geistes und bedingungslose Liebe mit den 2 Flügeln eines Vogels verglichen. Beide sind nötig. Durch ein Missverständnis ist dem Buddhismus Gott abhanden gekommen. Hingabe kann viel leichter geübt werden, wenn es wie im Vedanta oder Christentum Gott gibt: Bhakti Yoga (Hingabe/Liebe zu Gott). Es bleibt aber ein Rest Dualität.

Zu 5) Man könnte die Liste noch erweitern mit *Unio mystica, Gotteserfahrung, Erfahrung des „Einen Geschmacks" (diese Formulierung gibt es bei Meister Echkart und im Tibetischen Buddhismus), Samadhi.* Dem „aufgeklärten" Abendländer ist Gott auch abhanden gekommen, ebenso die Seele. *„Alles ist Brahman (Gott). Du bist DAS"* heißt es im Advaita Vedanta. Das ist keine intellektuelle Sache, sondern eine tiefe mystische Erfahrung. Beruhigung, Klärung/Reinigung des Geistes und Achtsamkeit sind vorbereitende Übungen. Das Ziel ist Samadhi, Erwachen.


Wenn östlichen Lehrern Texte von *Meister Eckhart* vorgelegt werden, meinen sie, das sei identisch mit den Aussagen der Upanishaden. Eine vergleichende Gegenüberstellung bestätigt das. Dabei konnte Meister Eckhart von den Upanishaden keine Kenntnis haben.

*„Wo Gott ist, da ist die Seele, und wo die Seele ist, da ist Gott."*
*„Atma und Paraatma (Brahman) sind eins."* <u>Der Ursprung.</u>

*„Die Seele hat zwei Augen, ein inneres und ein äußeres. Das innere Auge der Seele ist jenes, das in sein Sein schaut und sein Sein ganz unmittelbar von Gott empfängt. Das äußere Auge der Seele ist jenes, das da allen Kreaturen zugewendet ist und sie in bildhafter Weise und in der Wirkweise seiner Kraft wahrnimmt."*

*Citi und manas. „Es gibt zwei Selbste: das getrennte Ego und den unteilbaren Atman. Wenn man sich über Ich und Mich und Meines erhebt, erschließt sich der Atman als das eigene wahre Selbst."*

*Katha-Upanishad.* <u>Zweierlei Bewusstsein.</u>

*„Du brauchst ihn weder hier noch dort zu suchen, er ist nicht weiter als vor der Tür des Herzens."*

*„Die Seele muss daheim sein in ihrem Innersten und in dem Höchsten und in ihrem Lautersten und beständig innebleiben und nicht auslugen."* <u>Der Weg.</u>

*„Die Seele ist für ein so großes und hohes Gut bestimmt, dass sie darum sich bei keiner Weise beruhigen kann, und sie eilt allezeit dazu, dass sie über alle Weisen hinaus zu dem ewigen Gute kommt, das Gott ist, für das sie geschaffen ist."*

*„Im überbewussten Zustand findest du den Herrn. Er ist das höchste Lebensziel. Er ist unendlicher Friede, grenzenlose Liebe. Realisiere Ihn!" Mandukya-Upanishad.* <u>Das Ziel.</u>

*„Wenn Gott die Seele in sich zieht, so wird sie verwandelt in Gott, so dass die Seele göttlich wird. Da verliert die Seele ihren Namen, nicht aber ihren Willen und nicht ihr Sein."*

*„Wo die Seele in ihrer reinen Natur ist, da hätte sie alle Vollkommenheit und alle Freude und Wonne."*

*„Mit dem Herrn der Liebe vereinigt zu sein bedeutet, unendliche Freude zu erlangen." Tejobindu-Upanishad.*

*„Die Seele soll nimmer nachlassen, bis sie des Werkes so*

*gewaltig werde wie Gott. Dann wirkt sie mit dem Vater alle*
*seine Werke. Sie wirkt mit ihm einfaltig und weise und liebend.*"
<u>Resultat:</u> Erfüllt vom Heiligen Geist in der Welt wirken.
Teilhabe am Werk Gottes.
Quelle: *Meister Eckhart, Die deutschen Werke(6).*

Bevor ich zum nächsten Themenkomplex komme, möchte ich
zwei Anmerkungen machen.
 Eine wahre Geschichte. Ein Biologe untersuchte über Jahre in
freier Wildbahn das Verhalten von Menschenaffen und machte
dabei allerlei interessante Entdeckungen. Dass sie Werkzeuge
einsetzen und diese Kenntnisse weitergeben, obwohl sie nicht
sprechen können, war bekannt. Er machte aber eine neue
Entdeckung. Die Blätter einer bestimmten Pflanze aßen sie nur,
wenn sie einen kranken Eindruck machten. Voller Stolz
berichtete er den  Einheimischen über diese Entdeckung und er-
fuhr, dass die diese Pflanze bei Magendarmerkrankungen aßen.
Sie hatten das von den Affen gelernt. Was hat das mit unserem
Thema zu tun? Erfahrungswissen zählt auch. Wissenschaftler
wollen immer alles experimentell messen. Wenn aber in
verschiedenen Kulturen zu verschiedenen Zeiten ähnliche
Resultate erzielt wurden, ist das valide.
 Wird es demnächst einen Psychotomographen  geben? „Wir
haben bei der Untersuchung 0,5 Psilos Liebe, 0,3 Psilos
Zuversicht sowie 3,3 Psilos Ärger und 2,1 Psilos Depression
gemessen und empfehlen dringend eine Therapie zur Wieder-
herstellung des seelischen Gleichgewichts." Jeder wird sagen,
dass das Unsinn ist. Bei einer genauen Analyse kann man aber
feststellen, dass Neurowissenschaftler diesen Fehler häufig
machen. Bewusstsein oder Seele kann man nicht messen (vgl.
Kapitel I S. 9). Tibetische Lamas versuchen ihren Schülern die
Natur des Bewusstseins zu erklären, indem sie fragen, ob es rot
oder grün, rund oder eckig, leicht oder schwer sei. Als Bild

benutzen sie gerne die Leerheit, was leider aber auch missverstanden werden kann. Bei der Vermittlung der Erkenntnisse der Quantenphysik werden ähnliche Fehler begangen. Da wird gesagt, dass in einen Kubikmeter leerem Raum ein immenses Energiereservoir stecke. Quantenfelder sind aber jenseits von Zeit und Raum und mit den Gesetzen unserer Raum-Zeit-Welt nicht erklärbar. Wenn Mystiker in einer Vision Gott als eine Person erfahren, dann stülpen sie dem Formlosen eine Gestalt über. Wenn Neurowissenschaftler chemische, physikalische oder psychologische Parameter messen, messen sie nicht Bewusstsein, sondern dessen Wirkungen.

Was ist Bewusstsein? Die gängige wissenschaftliche Ansicht ist eine materialistische. Bewusstsein ist das Ergebnis eines neuronalen Netzwerkes. Ohne Gehirn kein Bewusstsein. Das bedeutet natürlich auch, dass Bewusstsein getrennt ist und mit dem Sterben des Körpers endet. In spirituellen Traditionen sieht man das anders.

Krishna sagt in der Bhagavad *Gita(7): Alle Geschöpfe sind zwar dem Anschein nach getrennt, aber wahrhaft nur eines, alle Wesen gehen von der Gottheit aus und sind in der Gottheit vereint. Wer dies erfasst, wird die Gottheit und erlangt dadurch Befreiung.*

-----

*Brahman ist unteilbar und rein; realisiere Brahman und gehe so über alle Veränderung hinaus. Es ist immanent und transzendent. Indem sie es realisieren, gewinnen die Weisen die Freiheit und erklären, dass der Geist aller ungesondert eins ist. Sie realisieren damit nur, was sie immer schon sind. Wachend, schlafend, träumend ist das Selbst eines. Transzendiere diese drei Zustände und gehe so über die Wiedergeburt hinaus. Es gibt nur ein einziges Selbst in allen Kreaturen. Das Eine ist dem*

*Anschein nach viele, geradeso wie der im Wasser gespiegelte Mond dem Anschein nach viele ist.*

*Amritabindu-Upanischad(x)*

*Eckhart* unterscheidet eine vermengte Einheit <u>seiender</u> Dinge (die können sich wie ein Tropfen mit dem Meer vereinigen und dabei auflösen oder wie ein auf dem Wasser schwimmendes Holz vermengen) von einer sich gegenseitig durchdringenden und enthaltenden Einheit <u>geistiger</u> Dinge. Er bezeichnet das Verständnis dieser Dinge als schwierig. Es sei aber ein bedeutsamer Schlüssel zum Verständnis seiner Lehre: *„Wer dies versteht, dem ist genug gepredigt."* *„Ein jedes geistiges Ding kann in dem anderen sein; kein körperhaftes Ding aber vermag in dem anderen zu sein."* *„Jeglicher Engel ist in dem anderen."* *„Die Seele wird mit Gott eins und nicht vermengt wie Holz und Wasser."* *„Gott ist überall in der Seele; und sie ist überall in ihm."(6)* Bei *Eckhart* gibt es also keine Auflösung in dem Einssein, sondern eine Durchdringung der Geistwesen.

*Jesus* wählt als Gleichnis den Weinstock. Der Saft fließt in der Wurzel und im Stamm. Der Geist fließt aus dem Vater zum Sohn und vom Sohn zum Vater in gegenseitiger Durchdringung (Perichorese).

Menschen mit Nahtoderlebnissen schildern ihre Erfahrungen in ähnlicher Weise. Eine solche findet sich in dem Buch von Dr. Jeffrey Long(6) „Beweise für ein Leben nach dem Tod." *Hafur* schrieb in dem Fragebogen: *Ich habe erkannt, dass*

●*wir in einer vielfältigen Einheit oder im Einssein leben. Mit anderen Worten, unsere Wirklichkeit ist die Einheit in der Vielheit und die Vielheit in der Einheit.*

●*ich alles war und alles ich war. Wir unterscheiden uns nur in unserem irdischen Erscheinungsbild.*

●*es keinen Gott außerhalb unserer selbst gibt, sondern Gott in allen und alles ein Teil Gottes ist, der das Leben selbst ist.*

Folgendes Zitat stammt aus dem *Thomas Evangelium(2).*

*Logion 77*
*Jesus sprach:*
*Ich bin das Licht, das alle Menschen erleuchtet.*
*Ich bin das GANZE.*
*Das GANZE ist aus mir hervorgegangen und*
*das GANZE ist mir zugekommen.*
*Spaltet Holz, ich bin da.*
*Hebt einen Stein auf, ihr werdet mich dort finden.*

Gibt es Hinweise dafür, dass Bewusstsein tatsächlich eins ist? Ja, die gibt es.

Jeder kennt das. Man will etwas sagen und der andere „nimmt einem die Worte aus dem Mund." Wenn das in kurzer Zeit 3x geschieht, wobei dabei kein Zusammenhang mit den vorherigen Gesprächsinhalten besteht, ist das schon seltsam. Solche Vorkommnisse bei meiner Frau und mir gelten natürlich nicht als Beweis.

Auf seiner Vortragsreise durch Europa hielt der 16. Karmapa (das ist etwas ähnliches wie der Dalai Lama) in Wales einen Vortrag. Bevor er anfing, schickte er Mitarbeiter mit einer genauen Wegbeschreibung (er war nie zuvor in dieser Gegend) zu einer Scheune. Dort waren Krähen eingesperrt, weil der Wind ein Fenster zugeschlagen hatte.

Lahiri Mahasaya sagte eines Tages zu seinen Schülern: „Ich fühle das Leid vieler ertrinkenden Seelen." Damals gab es kein Internet und kein Fernsehen, nur Telegraphen und Zeitungen. Am Folgetag stand in der Zeitung, dass im Japanischen Meer eine Fähre untergegangen war und mehrere hundert Menschen ertrunken sind.

Ich könnte weitere Vorkommnisse mit Yogananda, Ramana Maharshi, Poonja, M. Ricard oder Ananda Mayi Ma anführen. Skeptiker lassen sich aber auch dann nicht überzeugen. Man möge mir nachsehen, dass ich diese Sachen aus meinem Gedächtnis zitiere. Das Nachforschen, in welchen Büchern das abgedruckt war, wäre sehr zeitaufwändig.

Noch ein Nachtrag zu 0,5 Psilos Liebe, angestoßen durch die Sendung *Quarks und Co. vom 02.02.2016, WDR3.* In dem Abschlussstatement sagte Rangar Yogeshwar in etwa folgendes. Bei Meditation und Sport finden sich ähnliche neurophysiologische Veränderungen. Für die Gesundheit sind beide gleichwertig. Dem widerspreche ich. Trotz seiner indischen Wurzeln steht Rangar Yogeshwar voll im materialistischen Weltbild (s.o.). Ich möchte auf einen logischen Fehler hinweisen. Ein reifer Apfel fällt vom Baum. Eine reife Birne fällt vom Baum. Der Vorgang des Fallens ist gleich. Die Schlussfolgerung, dass Äpfel und Birnen gleich sind, ist aber nicht zulässig. Es gibt ein Sprichwort, dass man Äpfel nicht mit Birnen vergleichen soll. Wohl wahr. Meditation ist eine geistige Übung (kein Dösen; hohe Wachheit), Sport ist eine körperliche Übung. Es macht Sinn, beides zu praktizieren. Meditation ist aber weit mehr als eine Veränderung im Haushalt der Botenstoffe des Gehirns.

Spiegelneurone sind Nervenzellen, die im Gehirn von Primaten beim Beobachten einer Bewegung bei anderen Individuen die gleiche Aktivität aufweisen wie bei einer eigenen Bewegung. Das wurde 1992 von *Rizzolatti(10)* publiziert. Es löste eine Welle spekulativer Hypothesen aus. Für die Annahme, dass sie die neuronale Grundlage für Empathie seien, gibt es keinen Beleg. Der Neurobiologe *Poeppel* schreibt 2010, dass „wir überhaupt nicht wissen, wozu sie gut sind."
Diese Spekulationen haben meine Phantasie angeregt. Dabei

habe ich zwei wissenschaftliche Untersuchungen zusammen-geführt. 1) Die Versuche zu Telepathie/außersinnlicher Wahr-nehmung durch *Rhine(11)* fanden um 1940 statt. Zur Standardisierung der Untersuchungsbedingungen benutzte er sogenannte Zenerkarten mit 5 verschiedenen Symbolen. Eine Person (Sender) deckte die Karten auf, eine räumlich getrennte Person (Empfänger) sollte sagen, welche Karten aufgedeckt wurden. Die Ergebnisse lagen zwar über der rechnerischen Zufallswahrscheinlichkeit, konnten aber Kritiker nicht überzeugen. In den 1990-iger benutzte man vergleichbare Untersuchungen, die Ganzfeldversuche. Einer Person wurden Bilder oder Videos gezeigt, die sie an eine andere räumlich getrennte Person „senden" sollte. Es wurden ca. 3000 Sitzungen unter 25 Versuchsleitern durchgeführt. Die Einzelstudien ergaben überdurchschnittliche Ergebnisse. Die Metaanalyse er-gab eine hohe Signifikanz(12). Einzelne Begebenheiten wie oben erwähnt (16. Karmapa u.a.) gelten für mich als ausreichender Beweis. Wissenschaftler wollen aber reproduzierbare Ergebnisse unter standardisierten Bedingungen. Die liegen nunmehr vor. 2) Horikawa u.a. veröffentlichten 2013 ihre Studien. Personen bekamen Bilder gezeigt und wurden dabei im Magnetresonanztomografen untersucht. In einer Trainingsphase ordnete ein Computerprogramm (support-vector-machine) die Bilder den Aktivitäten im visuellen Cortex zu. Die Untersuchungen bestanden dann darin, ob man Bilder beim Aufwachen (die Bilder im Schlaf sind nicht abfragbar) im MRT erkennen kann. Man kann.

Meine Idee: Beide Methoden kombinieren. Der immense Vorteil dabei wäre, das die vom „Empfänger" wahrgenom-menen Bilder nicht durch Interpretation und Bewertung verfälscht oder Inhalte ausgeblendet werden. Diese Problematik ist hinreichend bekannt aus Zeugenaussagen.

Wozu das ganze? Wir erinnern uns an die Aussagen in den

Upanishaden, „...dass der Geist aller ungesondert eins ist." Haben die alten Rishis gesponnen? Unser materialistisches Weltbild geht von einer anderen Vorstellung aus. Bewusstsein ist das Produkt eines Gehirns, ist separat und endet mit dem Tod des Körpers. Wenn zwei Gehirne im gleichen Takt schwingen, wäre das so unvorstellbar wie die seltsamen Resultate der Quantenphysiker (2 Teilchen fliegen mit Lichtgeschwindigkeit auseinander; die Änderung einer Eigenschaft bei dem einen überträgt sich zeitgleich auf das andere). Es wäre eine kopernikanische Zeitenwende und würde das gängige materialistische Weltbild kippen.

Vielleicht liest ja ein Neurowissenschaftler dieses Buch und unternimmt solch einen Versuch. Dann hätten die Rishis der Upanishaden vielleicht doch nicht gesponnen.

*UND DANN?*

Leben nach dem Tod?

Wunder?

Gott?

...?

Umgebung Großarl

# A - Leerheit im Christentum

Bei Meditation und Leerheit denken alle an Buddhismus. Im frühen Christentum gab es verschiedene Schriften (Gnostiker), die auf dem 1. Konzil als ketzerisch gebrandmarkt wurden. Und es gab die „Wüstenväter", die sich in die Einsamkeit zurückzogen und meditierten, allerdings nannten sie das Gebet. Später bezeichnete man das als Herzensgebet. Das hat sich in der Ostkirche gehalten und ist eine Mantrameditation.

## *Evagrius Ponticus* (345-399) - *Über das Gebet(*1*)*

*Gott aber ist Feuer und nicht Rauch. Wir müssen also auch die Bilder loslassen, um in den Raum der Stille in uns zu gelangen, der jenseits aller Worte und Bilder, jenseits aller Gedanken und Emotionen ist. In diesem Raum der Stille erahnen wir Gottes heilende Gegenwart ( Einführung Anselm Grün).*

*KAPITEL 4*
*Wenn schon Moses sich dem brennenden Dornbusch so lange nicht nähern konnte, bis er seine Schuhe ausgezogen hatte, warum solltest du dich dann nicht erst von jedem deiner durch Leidenschaft verursachten Gedanken lösen, damit du dem einen dich nähern kannst, der jenseits aller Gedanken und Begriffe ist?*
*KAPITEL 52*
*Der Gebetszustand ist ein habitueller Zustand unerschütterlicher Ruhe (Apatheia). Er führt den Menschen, der die Weisheit liebt und der durch eine tiefe Liebe wahrhaftig vergeistigt ist, zu den höchsten Höhen der Wirklichkeit.*
*KAPITEL 53*
*Der Mensch, der wirklich beten möchte, muss nicht nur seinen*

*Zorn und seine Begierden zu beherrschen lernen, sondern sich darüber hinaus auch von allen Gedanken befreien, die auf irgendeine Weise mit den Leidenschaften zu tun haben.*

*KAPITEL 55*

*Wenn jemand frei geworden ist von den störenden Leidenschaften, dann heißt das noch nicht, dass er auch wirklich beten kann. Vielleicht kennt er nur noch die reinsten Gedanken, lässt sich aber dazu verleiten, über sie nachzudenken, und ist daher weit von Gott entfernt.*

*KAPITEL 66*

*Wenn du betest, dann stelle dir die Gottheit nicht als Bild vor. Halte deinen Geist überhaupt frei von jeglicher Form und nähere dich ohne jede Materie dem immateriellen Wesen, denn so nur wirst du es erkennen.*

*KAPITEL 117*

*Lass mich hier wiederholen, was ich schon bei anderer Gelegenheit gesagt habe: Selig ist jener Geist, der beim Gebet völlig frei ist von jederlei Form.*

*KAPITEL 118*

*Selig ist jener Geist, der, ohne Zerstreuung betend, immer tieferes Verlangen nach Gott empfindet.*

*KAPITEL 119*

*Selig ist jener Geist, der, während er betet, frei ist von allem Gegenständlichen, ja sich sogar aller Gedanken entledigt hat.*

*KAPITEL 123*

*Selig ist der Mensch, der in allen Menschen Gott sieht.*


**Thomas Evangelium(2)**


*Logion 37*
*Seine Jünger fragten:*
*An welchem Tag wirst du uns erscheinen?*

*An welchem Tag werden wir deiner gewahr werden?*
*Jesus antwortete:*
*An dem Tag, wenn ihr nackt sein werdet, wie die Neugeborenen, die auf ihre Kleider treten, dann werdet ihr den SOHN des LEBENDIGEN sehen. Und ihr werdet euch nicht mehr fürchten.*

## **Ein Kurs in Wundern** (20. Jh.)*(3)*

*Tu einfach dies: Sei still und lege alle Gedanken darüber, was du bist und was Gott ist, weg, alle Konzepte über die Welt, die du gelernt hast, alle Bilder, die du von dir selber hast. Mach deinen Geist von allem leer, was du für wahr oder falsch, gut oder schlecht hältst. Halte an nichts fest. Komm mit völlig leeren Händen zu deinem Gott.*

## **Bibel***(4)*

Man ist gut beraten, bei Zitaten von Jesus zu beachten, dass er innere geistige Inhalte meint, auch wenn er über äußere Dinge spricht. Mit *„Wer hat, dem wird gegeben"* *(Matthäus 25.29)* meinte Jesus bestimmt nicht Dollarmilliardäre.

Zu dem Titel passt *„Selig sind die Armen im Geiste"* *(Matthäus 5.3)*. Damit sind nicht Menschen mit Demenz gemeint, sondern Menschen, deren Geist nicht überquillt mit Konzepten.

*„Eher geht ein Kamel durch ein Nadelöhr, als dass ein Reicher in das Himmelreich gelangt"* *(Matthäus 19.24)* meint dasselbe.

# B - Stressor Bürokratie

Was hat das mit Stress zu tun? In Kapitel 1 habe ich gesagt, dass ein großer Teil der Stressoren hausgemacht ist. Bürokratie trägt dazu bei. Sie löst nicht Probleme, sie verursacht welche. Ich könnte aus meinem Berufsalltag viele Beispiele nennen. Und wenn ich meine Patienten zu dem Thema anspreche, bestätigen sie meine Sicht. Nur ein Beispiel. Bei einem Schützenfestumzug kam es zu einem tragischen Unfall. Ein Auto fuhr von hinten in den Umzug. Vermutlich führte das auf Erlass von wem auch immer dazu, dass am Ende eines Umzuges ein PKW fährt. Welche Maßnahme wird ergriffen, wenn ein Sportflugzeug in einen Umzug stürzt?

Dem modernen Menschen sind durch den Verlust eines Lebenssinns (Glaubenskrise) Vertrauen und Zuversicht verlorengegangen. Zur Kompensation erfindet er immer mehr Regeln und Vorschriften. Doch die machen das Leben nur ein wenig sicherer, vor allem aber komplizierter.

*Alan Watts* war Religionswissenschaftler. Er war ein Pionier des Brückenschlags zu Zen, Tao und Advaita. Der folgende Auszug aus seinem Buch *„Die Illusion des Ich"* (1) ist nicht wegen seines Inhaltes spektakulär, sondern weil das Buch 1966 erschienen ist.

*Mit Hilfe der wissenschaftlichen Vorhersage und ihrer technischen Anwendungsmöglichkeiten versuchen wir, über unsere Umgebung und uns selber größtmögliche Kontrolle zu gewinnen. In der Medizin, im Nachrichtenwesen, in der industriellen Produktion, im Transportwesen, im Finanzwesen, im Handel, zu Hause, in der Erziehung, in der Psychiatrie, in der Kriminologie und im Rechtswesen - überall versuchen wir, narrensichere Systeme zu entwickeln und die Möglichkeit von Fehlern auszuschalten. Je mächtiger die Technologie, umso dringender das Bedürfnis nach solchen Kontrollen, wie es etwa deutlich wird am Beispiel der Sicherheitsvorrichtungen für Düsenflugzeuge und - wohl am interessantesten - am Beispiel der Konsultationen zwischen Technikern der Nuklearmächte, die sicherstellen sollen, dass keiner aus Versehen den roten Knopf drückt. Die Verwendung von wirksamen Instrumenten mit ihren reichhaltigen Möglichkeiten zur Veränderung des Menschen und seiner Umwelt erfordert immer mehr neue Gesetze, Zulassungen und Überwachung und auf diese Weise immer kompliziertere Verfahren für die Inspektion und das Führen von Unterlagen.*

*Manchmal hat es den Anschein, als ob die bürokratische Arbeit, das Anfertigen von Unterlagen über das, was getan wird, wichtiger wird als der Gegenstand dieser Unterlagen selber.*

*Aus den gleichen Gründen ist es immer schwieriger, ein kleines Geschäft zu betreiben, bei dem man es sich nicht leisten kann, alle die bürokratischen Bestimmungen in finanzieller und juristischer Hinsicht zu beachten, die heutzutage auch für die kleinsten Unternehmen gelten.*

*Doch das Grundproblem der Kybernetik, durch das sie zu einem unaufhörlichen Erfolg/Misserfolg-Spiel wird, besteht darin, den Prozess der Kontrolle selber zu kontrollieren. Macht ist nicht unbedingt Weisheit.*

Macht und Kontrollbedürfnis haben letztendlich ihre Ursache in Konkurrenz und Aggression infolge des Gefühls der Getrenntheit. Um deren negativen Auswirkungen zu begrenzen, hat man immer mehr Gesetze und Vorschriften erfunden. Hat alles nichts genützt. Es gibt immer noch Kriege und Terrorismus. Die Grundlage in spirituellen Traditionen ist immer Ethik. Doch die allein reicht nicht. „Liebe deinen Nächsten wie dich selbst" wird nur funktionieren, wenn man Einssein erfährt. Wer diese Erfahrung hat, braucht keine moralischen Regeln. Denn er handelt spontan mitfühlend. Dann braucht man auch nicht mehr so viel Bürokratie = weniger Stress. An einer anderen Stelle im Buch findet sich die folgende Passage.

*Es ist wie ein Kampf auf der Bühne, der so gut gespielt wird, dass die Zuschauer geneigt sind, ihn für einen wirklichen Kampf zu halten. Hinter diesen äußeren deutlichen Unterschieden verbirgt sich stillschweigend die Einheit dessen, was im Vedanta das göttliche Selbst genannt wird, das Alleinexistierende, das Ein und das Alles, das sich im Einzelnen versteckt.*

*Wenn aber diese grundlegende Einheit zwischen dem Selbst und dem anderen, dem Einzelnen und dem Universum, besteht, wie konnte unser Geist so eng werden, dass wir es nicht wissen?*

*Wir haben die Katze bereits aus dem Sack gelassen. Was nicht jeder weiß, ist, dass der Einzelne, sein »unscheinbares Ich«, das »auf diese Welt gekommen ist« und vorübergehend von der Hülle der Haut umgeben lebt, ein Betrug und ein Schwindel ist. Tatsache ist, dass kein Ding oder kein Merkmal dieses Universums sich vom Ganzen trennen lässt und dass deshalb das einzige wahre göttliche Ich oder göttliche Selbst das Ganze ist.*

Bürokratie verursacht Probleme. Zum Beleg machen wir einen Ausflug in die Regularien des deutschen Gesundheitswesen. Vor Jahren wurde der Gesundheitsfond kreiert und als Lösung der Finanzierungsprobleme angepriesen. Vorher bekamen die Kassen Geld von ihren Mitgliedern und haben damit ihre Mitglieder betreut. Nunmehr fließt das Geld aller Kassen in einen Fond. Dort findet eine wundersame Geldvermehrung statt!? Mir war schon damals klar, dass auf die Ärzte Arbeit zukommt. Damit jede Kasse möglichst viel Geld bekommt, müssen die Mitglieder dieser Kasse schwer krank sein. Man erfand einen Katalog mit „lukrativen" Krankheiten. Warum dort Verschleiß der Hüftgelenke enthalten ist, aber nicht eine Einengung der Halsschlagadern (die zum Schlaganfall führen kann), kann ich nicht erklären. Bluthochdruck kann einen Schlaganfall verursachen, der zu einer Lähmung führen kann. Das weiß auch ein Laie. Computer wissen das aber nicht. Man hat also ein Programm mit einer Unmenge an Algorithmen erfunden, damit schwere Erkrankungen erfasst und verknüpft wurden. 2 Wochen nach Quartalsanfang habe ich am Wochenende die Partition mit dem Praxisprogramm per Image gesichert und dann das neue Programm aktiviert. Die Fehlerliste war ca. 250 Seiten lang (erst 2 Wochen!) und listete ca. 5000 Fehler. Wenn die Arztpraxen diese Fehler manuell behoben hätten, würde das Wochen dauern. Zum Glück gab es eine automatische Fehlerkorrektur. Die habe ich bei meiner Patientin mit Hochdruck, Schlaganfall und Halbseitenlähmung testweise aktiviert mit einem sensationellen Ergebnis: Die Diagnosen waren gelöscht! Zum Glück wurde das Programm zurückgerufen. Deutsche Arztpraxen wären im Chaos versunken. Den Nachwehen der „nachhaltigen Sicherung der Finanzierung" verdanke ich ein Fitnesstraining für meinen rechten Zeigefinger (Mausklicks für Diagnose „gesichert"). Wie kann man eigentlich bei Kopfschmerzen zwischen „gesichert" und „Verdacht auf" unterscheiden?

Politiker sparen immer bei den Leistungserbringern. Durch die Macht der Kassen kommen innovative Medikamente nicht mehr auf den Markt. Der Nachwuchs an gut ausgebildeten deutschen Ärzten bleibt aus und junge Ärzte wandern aus. In deutschen Krankenhäusern gibt es einen hohen Anteil ausländischer Ärzte mit unzureichender Ausbildung und schlechten Sprachkenntnissen. Wenn es nur zwei oder drei Kassen gäbe, könnte man jährlich Milliarden im zweistelligen Bereich sparen. Das Geld sollte für Schwerkranke ausgegeben werden und nicht zur Finanzierung von Fitnessstudiobeiträgen.

# C - So-Ham

Zusammenfassung der Technik

1. Setzt euch mit aufrechter Wirbelsäule in die Meditationsstellung. Die Hände sollen in der Leistengegend ruhen.

2. Richtet die geschlossenen oder halbgeschlossenen Augen nach oben, so dass der Blick in dem geistigem Auge zwischen den Augenbrauen ruht.

3. Beobachtet in Gedanken das Ein- und Ausströmen des Atems, und zwar mit derselben Losgelöstheit, mit der ihr den Atem eines anderen Menschen beobachten würdet. Versucht in keiner Weise, den Atem zu regulieren, sondern schaut ihm lediglich zu. Diese Übung verhilft euch dazu, euer Bewusstsein vom Körper zu lösen und ein »schweigender Zeuge« der körperlichen Tätigkeit zu werden.

4. Wenn der Atem einströmt, sagt innerlich (nicht hörbar) »Ham« (alternativ »So«). Wenn der Atem wieder ausströmt, sagt innerlich »Sa« (alternativ »Ham«) . Das sind zwei heilige Sanskritworte, die schwingungsmäßig mit dem ein- und ausgehenden Atem in Beziehung stehen. Die wörtliche Übersetzung lautet: »Ich bin Er.«

5. Während der Pausen, wenn der Atem von allein aussetzt, konzentriert euch auf den Frieden der Atemstille und genießt ihn.

---

Die obige Methode zentriert die Aufmerksamkeit nicht nur auf die Atmung, sondern zusätzlich auf das Stirnchakra und ein Mantra. Die Stille wird in den Pausen der Atmung erlebt. Wie für alle Methoden gilt: Wer stabil im Reinen Gewahrsein (Stille + volle Wachheit) verweilt, lässt das Meditationsobjekt los.
Üben (abhyasa) und Loslassen (vairagya) bei Patanjali.

Ein zentraler Satz in den Upanishaden lautet: „Du bist DAS."
Mit So-Ham ist dasselbe gemeint. Das Ziel in spirituellen
Traditionen geht weit über Reduktion kardiovaskulärer Ereig-
nisse oder Stärkung des Immunsystems hinaus. Die folgenden
Zitate stammen aus mehreren  Kapiteln meines Buches „Seid
Vorübergehende – Die Konvergenz spiritueller Wege."

## Zitate:

*Alles, was man zu tun hat, ist, den eigenen Ursprung zu finden
und dort sein Quartier  zu nehmen. Das Potenzial des
Verbleibens im Absoluten ist so gewaltig, dass Menschen sich
nicht vorstellen können, wie es im Absoluten sein könnte.*

*Sri Nisargadatta Maharaj*

*Alles, was je erdacht werden könnte an Lust und Freude, an
Wonne und an Liebenswertem, hält man das gegen die Wonne,
die in dieser Geburt (der Seele = Erwachen) liegt, so ist es
keine Freude mehr.*

*Meister Eckhart*

*Wenn ihr noch keinen Vorgeschmack auf euren grundlegenden
Geist erlangt habt, dann seid ihr natürlich skeptisch. Ihr haltet
vielleicht die Freude beim Eisessen für wirklich und die
während der Meditation für trügerisch. Macht euch immer
mehr vertraut mit eurer inneren Wirklichkeit, bis sie eine
unwiderlegbare Erfahrung geworden ist.*

*Lama Thubten Yeshe*

*Wo ständiges Gewahrsein des SELBST herrscht, beendet
Freiheit die Knechtschaft und Freude den Kummer.*

*Chandogya Upanishad*

*Welche Verwirrung, welches Leid gibt es noch für den, der so die Einheit schaut.*

*Isa Upanishad*

*Solange der Mensch in seinem SELBST verbleibt, herrscht Glückseligkeit.*

*Ramana Maharshi*

*Vor deinem Angesicht herrscht Freude in Fülle, zu deiner Rechten Wonne für alle Zeit.*

*Psalm 16*

*„Was fühlt Ihr denn noch?" fragte mich Vater Seraphim. „Eine ungewöhnliche Glückseligkeit" antwortete ich. Er fuhr fort: „Das ist jene Wonne, von der in der Heiligen Schrift gesagt wird:>Sie laben sich am Reichtum Deines Hauses, Du tränkst sie mit dem Strom Deiner Wonne<."*

*Seraphim von Sarov*

*Ein anderes Wort für Buddha ist Sugata, was so viel bedeutet wie „zur Freude gegangen", an einen Ort, an dem das Wort Leiden vollkommen unbekannt ist.*

*Tulku Urgyen*

*Vollkommene Verwirklichung bedeutet das definitive Ende der Illusion, das Ende des Leidens. Sie ist das Aufleuchten völliger Freiheit, vollkommener Weisheit, höchster unendlicher Glückseligkeit.*

*Namkai Norbu*

*Das Leben gibt sich nicht mit Leid zufrieden, es strebt immer nach Glück. Zu leiden bedeutet, von der Existenz getrennt zu sein. Wenn du mit dem Göttlichen eins wirst, wird das Leben*

82

reine Seligkeit.

*Osho*

Das Bewusstsein der Glückseligkeit ist gleichbedeutend mit dem Bewusstsein Gottes. Unser begrenztes Bewusstsein erweitert sich und erhebt sich über alle Gegensätze, Zuneigung und Abneigung, Lust und Schmerz.

*Paramahansa Yogananda*

Atman (Selbst) - Paraatman (Höchstes Selbst) - Sat-Chit-Ananda (Sein - absolutes Bewusstsein - Seligkeit) bedeuten dasselbe, nämlich das Selbst. Es ist der Zustand des stets vorhandenen, immer wachen Friedens. Der Zustand der Seligkeit ist müheloses Gewahrsein - das ist Verwirklichung.

*Ramana Maharshi*

Gott ist Freude. Ihr seid die kosmische Sphäre des Lichts, der Freude und der Liebe, in der alle Dinge ihr Wesen haben. Ihr seid eins mit dem Vater.

*Paramahansa Yogananda*

Nur Toren folgen ihren Begierden in der Außenwelt und gehen so dem Tod ins ausgespannte Netz. Doch die Weisen wissen um die Unsterblichkeit und suchen das Dauerhafte nicht im Vergänglichen.

*Katha Upanishad*

Behalte im Gedächtnis, dass er ein Gott der Liebe ist, denn Er ist die Liebe; und dass er ein Gott der Freude ist, denn Er ist die Freude.

*Edgar Cayce*

*Die Unkenntnis der eigenen wahren Identität - des ewigen Selbst, der Seele - kann nicht durch einen Wechsel der Lebensanschauung beseitigt werden. Sie löst sich nur schrittweise auf, während man sein Bewusstsein erweitert und wiederholt in den Samadhi-Zustand eintritt. Im Samadhi werden wir uns dessen bewusst, was in uns bewusst ist. „Das höchste Selbst erstrahlt in ungestörter Ruhe." (Yoga Sutra 1.47)*

*Marshall Govindan*

*Sie sehen nicht den Schatz, der alles übertrifft, und suchen nach vergänglichen Schätzen. Suchten sie im Inneren, in ihren schmelzenden Herzen, so fänden sie den Schatz, der todlos ist.*

*Thirumindaram*

*Das Selbst ist eines, obwohl es viele zu sein scheint. Jene, die über das Selbst meditieren und das Selbst realisieren, gehen hinaus über den Verfall und den Tod, über die Getrenntheit und den Kummer. Sie sehen das Selbst in einem jeden und erlangen alle Dinge. Kontrolliere die Sinne und reinige den Geist. In einem reinen Geist herrscht ständiges Gewahrsein des Selbst. Wo ständiges Gewahrsein des Selbst herrscht, beendet Freiheit die Knechtschaft und beendet Freude den Kummer.*

*Chandogya Upanishad*

*Nach Auffassung der Sufis ist Glück der Seele angeboren und ihr Lebensrecht; denn das innerste Wesen des Menschen, die Seele, ist für ihn göttlich, und Gott ist Glückseligkeit. In der Welt mit ihren Begrenzungen und Unvollkommenheiten können wir darum nur glücklich sein, wenn wir in harmonischer Übereinstimmung mit unserem innersten Selbst, und das heißt mit Gott, leben.*

*Karima Sen Gupta*

*Wenn alle Begierden gelöst sind,*
*die sich im Herzen angesammelt haben,*
*dann wird der Sterbliche unsterblich*
*und erlangt Brahman schon hier und jetzt.*
*Wenn alle Knoten des Herzens gelöst sind,*
*dann wird der Sterbliche unsterblich.*

*Katha Upanishad*

*Seid stille und erkennet, dass ich Gott bin!*

*Psalm 46*

*Gott ist erfahrbar. Yoga ist eine präzise Wissenschaft. Er bedeutet Vereinigung der Seele mit Gott, und die erreicht man, wenn man bestimmte Methoden anwendet.*

*Paramahansa Yogananda*

*Gott allein ist wirklich, und da wir alle auf Dauer im Göttlichen Geliebten verweilen, sind wir alle eins.*
*Das Glück der Gott-Verwirklichung ist das Ziel der gesamten Schöpfung. Um dieses Glückes Willen trat die Welt in Erscheinung.*

*Meher Baba*

Solche Texte werden polarisieren. Bei einigen wenigen werden sie das Herz öffnen. Bei den meisten werden sie Abwehr erzeugen (Ich hab's doch gewusst: Ein esoterischer Spinner).

Natürlich kann man Meditation als Entspannung üben. In einen spirituellem ganzheitlichen Kontext bedeutet sie aber viel mehr.

Das Gleichnis von einer Wanderung zu einem Berggipfel kann manches erklären.

Du musst schon selber gehen, das kann niemand anderer für dich tun.

Eine Wegbeschreibung kann hilfreich sein. In Ermangelung eines persönlichen Lehrers oder ergänzend dazu sind Bücher hilfreich.

Beim Gehen solltest du den Blick nach unten auf den Weg gerichtet haben, damit du nicht stürzt. Es ist aber auch sinnvoll, den Gipfel im Auge zu behalten, damit du weißt, was das Ziel ist und ob du noch auf dem richtigen Weg bist. Du erledigst deine alltäglichen Aufgaben, hast aber eine Lebensvision.

Ein erfahrener Begleiter ist hilfreich, weil er den Weg kennt. Es soll Führer geben, die den Weg nur teilweise kennen.

Umgebung Großarl

# D – Heil

Dass in diesem Buch mit <u>Stille</u> nicht die Abwesenheit von Lärm gemeint ist, sondern die Erfahrung Reinen Gewahrseins, wurde dargelegt. Was aber bedeutet Stille <u>heilt</u>?

<u>Gesundheit</u> ist nach der Definition der Weltgesundheitsorganisation „ein Zustand des vollständigen körperlichen, geistigen und sozialen Wohlergehens und nicht nur das Fehlen von Krankheit oder Gebrechen." Wer kann das schon von sich behaupten? Soziologen verstehen unter Gesundheit „einen Zustand optimaler Leistungsfähigkeit eines Individuums für die wirksame Erfüllung der Rollen und Aufgaben, für die es sozialisiert worden ist." Nun ja, dann sind Arbeitslose krank? Nach der Definition von Pflegewissenschaftlern bedeutet „Gesundheit eine zufriedenstellende Entfaltung von Selbständigkeit und Wohlbefinden in den Aktivitäten des Alltags." Und in dem salutogenetischen Ansatz von Antonovsky kann man lesen: „Das Auftreten von Krankheiten wird unter anderem beeinflusst durch Risikofaktoren (Stressoren), …, und Schutzfaktoren, … . Durch die Minderung der Risikofaktoren und die Förderung der Schutzfaktoren wird die Wahrscheinlichkeit für das Auftreten von Krankheiten verringert." Das wäre für mein Buch noch die zutreffendste Definition. Zufällig ergab es sich, dass „bleib gesund" 1-2016 von der AOK mit dem Leitthema „Was ist Gesundheit" heute in der Post war. Die Ausführungen des Kolumnisten und ehemaligen Arztes Eckart von Hirschhausen enthalten Banalitäten. Und die Zitate von weniger bekannten Menschen wie „...wenn man fit ist, viel lacht, sich wohlfühlt" „...das tun zu können, worauf ich Lust habe" sind sehr subjektiv und nicht besonders sinnvoll.

<u>Heil</u> schließt Gesundheit ein, umfasst aber mehr. Es bedeutet Ganzheit und im religiösen Kontext Erlösung von Leid. Heilig

hat die gleiche Wurzel, ebenso das englische whole (ganz) und holy (heilig). Bei dem Wort „ganzheitlich" gibt es das gleiche Problem wie bei Gesundheit. Es gibt viele unterschiedliche Definitionen. Im spirituellen Kontext ist damit gemeint, dass man sich nicht mit seinem Körper (bin ich der Körper oder habe ich einen Körper?) oder den Inhalten seines Bewusstseins identifiziert, sondern mit dem, was man mit Seele oder Atman bezeichnet. Die ist nach Erfahrung (gemeint ist hier nicht ein intellektuelles Wissen) der Mystiker aller Traditionen nicht getrennt von der Ganzheit des Lebens, die man Gott nennen kann oder auch Tao oder... . Die Transpersonale Psychotherapie integriert spirituelle Wege und westliche Psychologie.

Ein Zitat aus der *Bhagavad Gita* beschreibt eine spirituelle Sichtweise.

*Wisse schließlich, Arjuna, dass das Ziel darin besteht, sich nicht in die Welt zu verstricken, sondern die Welt zu gebrauchen, um zur Göttlichkeit zu gelangen. Gebrauche dein Auge der Weisheit, deine Intuitionsgabe dazu, zwischen dem Feld und dem Kenner zu unterscheiden. Dann kannst du dich wirklich vom Feld, von der Fesselung an das Weltliche, frei machen und zu mir, dem höchsten Ziel, gelangen.*

*Dieses SELBST wird nie geboren, noch kann es je vergehen; noch kann es, da es einmal besteht, wieder aufhören zu sein. Es kennt keine Geburt, ist ewig, unwandelbar und stets das Gleiche (unberührt vom üblichen Ablauf zeitlicher Vorgänge). Es wird nicht vernichtet, wenn der Körper getötet wird. So wie ein Mensch seine zerschlissene Kleidung ablegt und ein neues Gewand anlegt, so verlässt auch die im Körper eingeschlossene Seele ihre zerfallene körperliche Wohnung und betritt eine andere, neue. Keine Waffe kann die Seele durchbohren; kein Feuer kann sie verbrennen; es kann kein Wasser sie nässen; noch kann sie im Winde verdorren. Die Seele ist unteilbar; sie kann nicht verbrannt, durchnässt und ausgetrocknet werden.*

*Die Seele ist unwandelbar, alldurchdringend, ewig ruhig und fest gegründet - sie bleibt sich ewig gleich.*

Wenn aber eine materialistische Weltsicht das Verhalten prägt, hat das im medizinischen Alltag fragwürdige Auswirkungen. Ich betreue eine 90-jährige multimorbide (Herzschwäche, eingeschränkte Nierenfunktion, chronisch obstruktive Bronchitis) Patientin im Altenheim. Wegen Verschlechterung wurde sie am Wochenende vom Notdienstarzt eingewiesen. Die Lungenentzündung wurde mit Antibiotika behandelt, wegen akutem Nierenversagen wurde eine Dialyse gemacht. Sie erholte sich zunächst. Dann kam es zu einem Rezidiv der Lungenentzündung, die mit anderen Antibiotika behandelt wurde. Inzwischen war sie so lange im Krankenhaus, dass die Unkosten durch die Pauschale nicht mehr gedeckt war. Das ist zumindest meine Vermutung, weil sie in einem schlechten Zustand mit deutlich erhöhten Entzündungsparametern entlassen wurde. Meine Kritik richtet sich nicht gegen das Krankenhaus, sondern gegen die Pauschalen. Die haben Politiker erfunden.

Zurück zum Thema. Den meisten Menschen ist nicht klar, dass Krankheit und Leid nicht dasselbe sind. Des weiteren meinen viele, man müsse die Medizin nur immer weiter verbessern und könne dann Krankheiten ausrotten. Selbst wenn das gelänge, haben wir dann immer noch ein kleines Problem. Unser Körper stirbt irgendwann unweigerlich.

Nach Ansicht spiritueller Schulen ist die Ursache von Leid Unwissenheit. Wir haben vergessen, wer wir sind, und identifizieren uns mit unserem Körper.

*Vollkommene Verwirklichung bedeutet das definitive Ende der Illusion, das Ende des Leidens. Sie ist das Aufleuchten völliger Freiheit, vollkommener Weisheit, höchster unendlicher Glückseligkeit.*

*Namkai Norbu*

# Literatur

## I-Was ist Stress?

1) Lohmann-Haislah A., Stressreport Deutschland 2012, Bundesanstalt für Arbeitsschutz und Arbeitsmedizin, Dortmund 2013, www.baua.de/dok/3430796
2) Selye H., Streß beherrscht unser Leben, 1956
3) McEwen B.S., The End of Stress As We Know It, 2002
xx) Eine Übersicht über „Psychometrische Erfassung von Stress im Sinne der Fragebogendiagnostik" findet man unter www.diss.fu-berlin.de
4) Lazarus R., Stress and Emotion. A new Synthesis, 1999

## II-Die Folgen von Stress

1) De Waal F., The Age of Empathy, 2009
xx) Zitiert in Traue H., Alltagsstress und Befindlichkeit, Verhaltensther. und Verhaltensmed., 2005
3) Morin C., Insomnia: A clinical guide, 2003
4) Kröner-Herwig B., Schmerzpsychotherapie, 2010
5) Rubia K., The neurobiology of meditation and its effectivness in psychiatric disorders, Biol. Psychol., 2009
6) Lüders S., Stressassoziierte Hypertonie am Arbeitsplatz-Ergebnisse des STARLET-Projekts, Deutsche Medizinische Wochenschrift, 2006
7) Zeidler W., Achsamkeit, Gehirn & Geist, 2006

## III-Stille-Meditation

1) Patanjali, Yoga Sutras, div. Ausgaben
2) Das göttliche Bewusstsein, Kommentar B. Bäumer, 2008
3) Lao.Tse, Tao Te King, div. Ausgaben
4) Tolle E., Stille spricht, 2003
5) Ramana Maharshi, Gespräche des Weisen vom Berg, 1955
6) Mantese M., Die Kunst des Nichtseins, 2010
7) Ricard M., Meditation, 2008
8) Goldstein J., Ein Dharma, 2002

# IV-Die Wirkungen der Meditation

1)Witek Janusek, Effect of MBSR on immun function, quality of life and coping in women newly diagnosed with early stage brest cancer, 2008
2)Carlson, Impact of MBSR on Sleep, Mood, Stress and Fatigue Symptoms in Cancer Outpatients, 2005,vgl.28)
3)Ledesma, MBSR and Cancer, a meta-analysis, 2005
4)Satin, Depression as a Predictor of Disease Progress and Mortality in Cancer Patients: A Meta-Analysis, 2009
5)Zeidan F., The effects of brief mindfull meditation training on experimentally induced pain, 2010
6)Wells R., Meditation for Migraines, 2014
7)Schneider R.,Circ Cardiovascular Qual Outcomes, 2012
8)Barnes V., eCAM, 2012
9) Castillo R., Stroke, 2000
10)Labrador P., Arch intern Med, 2006
11)Jayadevappa R., Ethn Dis, 2007
12)Nidich S., Am J Hypertens, 2009
13)Dickinson H., J Hum Hypertension, 2008
14)Barrett B., Meditation or Exercise for Preventing Acute Respiratory Infection, Ann Fam Med, 2012
15)Davidson R., Alteration in brain and immune function produced by mindfulness meditation, Psychosomatic Medicine, 2003
16)Fang C., www.ncbi.nml.nih.gov/pmc/articles/PMC2921566
17)Rosenkranz, Brain Behav.Immun., 2013
18)Gaylord S., Am. Journal of Gastroent., 2011
19) Ricard M.,Vortrag Kongress Achtsamkeit in Hamburg, 2011
20)Davidson R., Long-term mediators self-induce high-amplitude gamma synchrony during mental practise, Psychosom. Med., 2004
21)Hölzel B., Mindfulness practice leads to increase in regional brain gray matter density, Psychiatry Res., 2011

22) Desbordes G., Effects on mindful-attantion and compassion meditation training on amygdala response to emotional stimuli in an ordinary, non-meditative state, Front. Hum. Neurosci., 2012

23) Luders E., The unique brain anatomy of meditation practitioners: alteration in cortical gyrification, Front. Hum. Neurosci., 2012

24) Luders E., The underlying anatomical correlates of longterm meditation: Larger hippocampal and frontal volumes of gray matter, Neuroimage, 2009

25) Ott U., Hölzel B.&Vaitl D., Brain Structure and Meditation, How Spiritual Practice Shapes the Brain, 2011

26) Fredrickson B., Open Heart Build Lives: Positive Emotions, Induced Through Loving Kindness Meditation, Build Consequential Personal Ressources, J. Pers. Soc. Psychol., 2008

27) Mascaro J., Compassion meditation enhances empathic accuray and related neural activity, Soc. Cogn. Affect Neurscience, 2012

28) Leiberg S., Short-Term Compassion Training Increases Prosocial Behavior in a Newly Developed Prosocial Game, PLOS ONE, 2011

29) Weng H., Compassion Training Alters Altruism and Neural Response to Suffering, Psycholog. Science, 2013

30) Tang Y., Brief meditation training induces smoke reduction, Proc. Nati. Acad. Sci. USA, 2013

31) Carlson R., Impact of mindfulness based stress reduction (MBSR) on sleep, mood, stress and fatigue symptoms in cancer outpatients, Int. J. Behav. Med., 2005

32) https://meditation.de/wp-content/uploads/B17-Besserer-Schlaf-Industriearbeiter.png

33) Orme-Johnson D., Effects of the transcendental meditation technique on trait anxiety: a Meta-analysis of randomized controlled trials, J. Alter. Complem. Med., 2014

34)Sundquist J., Mindfulness group therapy in primary care patients with depression, anxiety and stress and adjustment disorders: A randomised controlled trial, Brit. Journal of Psychiatry, 2014

35)Kohls N., Personalwirtschaft, 2013

36)Greeson J., Mindfulness Research Update: 2008, Complem. Health Pract. Rev., 2009

37)Klöckl M., Hier und Jetzt statt da und dort (Zusammenfassung der Masterarbeit an der Universität Salzburg), 2014

38)Ospina M. u.a., Meditation Practices for Health: State of the Research, 2007

## V-Transpersonale Psychologie

1)Piron H., Transpersonale Verhaltenstherapie, 2007

## VI-Spiritualität/Neurowissenschaften

1)Laor E., Die große Einheit, 1959

2)Das Evangelium des Thomas, Komm. Leloup J., 1986

3)Pagels E., Das Geheimnis des fünften Evangeliums, 2003

4) Kleine Upanishaden, in der Ausg. von E. Easwaran, 1987

5)Ott U., Meditation für Skeptiker, 2010

6)Meister Eckhart, Die deutschen Werke, 1958

7)Bhagavad Gita, div. Ausgaben

8)Long J., Beweise für ein Leben nach dem Tod, 2010

10)Rizzolatti G., Empathie und Spiegelneurone, 2008

11)Rhine J., Parapsychologie, 1957

12)Radin D., The Conscious Universe, 1997

## A-Leerheit im Christentum

1)Evagrius Ponticus, Über das Gebet, 2011

2)Das Evangelium des Thomas, Leloup J., 1986

3)Ein Kurs in Wundern, 1975

4)Bibel

## B-Stressor Bürokratie

1)Watts A., Die Illusion des Ich, 1966

# Buchempfehlungen

H. R. Olpe / E. Seifritz, Bis er uns umbringt? Wie Stress die
  Gesundheit attackiert–und wie wir uns schützen können,2014
M. Ricard, Meditation, 2008
U.Ott, Meditation für Skeptiker, 2010
P. Reiter, Geh den Weg der Mystiker – Meister Eckharts Lehren
  für die spirituelle Praxis im Alltag, 2010
D. Chopra, Feuer im Herzen – Eine spirituelle Reise, 2004
Die Bhagavad Gita, eingel. und übers. von E. Easwaran, 1985
Paramahansa Yogananda, Autobiographie eines Yogi, 1998

Obige Liste ist bescheiden. Die Zahl meiner Bücher über
spirituelle Themen liegt im dreistelligen Bereich. Davon sind
einige Perlen, andere nur eine Ansammlung von Worten. Früher
ging man in eine Buchhandlung und konnte sich von einem
Buch einen Eindruck machen. Als in meiner Jugend mein
Interesse an östlicher Spiritualität erwachte, fanden sich in einer
Buchhandlung gerade mal 2 Bücher. Heute führen Buch-
handlungen ein mehr oder minder umfangreiches Sortiment.
Das Online-Angebot ist überwältigend. Auf Bewertungen von
Käufern kann man sich nicht immer verlassen. Wenn obige
Bücher jemanden ansprechen, wird er von allein weitere finden.
Aber!!! Lesen kann niemals eine meditative Praxis ersetzen.
Bücher sind hilfreich  wie ein Reiseführer. Die sind nur die
Vorbereitung/Unterstützung für die Reise.

Albert Tigges

Über den Autor

Geboren wurde ich 1953 im Sauerland. Nach dem Medizinstudium in Münster und Weiterbildung zum Facharzt für Allgemeinmedizin habe ich mich 1988 als Hausarzt im Sauerland niedergelassen. Ich bin verheiratet und habe 2 Töchter.

Als Hausarzt kennt man Leid in Form von Alter, Krankheit und Tod. Die Frage nach den tieferliegenden Ursachen für Leid führt zu existentiellen Fragen. Der Arztberuf ist ohne eine seelsorgerische Komponente unvollständig.

Schon mit 18 Jahren begann ich zu meditieren. Die verschiedenen Wege lernte ich durch Lesen vieler Bücher und teils auch durch persönliche Kontakte kennen. Aus etlichen Büchern habe ich mir Kopien mit den zentralen Aussagen gemacht. Aus diesem Fundus stammen die Zitate.

# Notizen